현진's 사각사각 손글씨

현진's 사각사각 손글씨

박현진 지음

비타북스

프롤로그

1. 키보드를 이기는 손글씨

오늘 아침 눈을 뜬 순간부터 지금 이 책을 펼치기까지, 우리는 몇 번이나 펜을 들었을까요? 아마 휴대폰의 키패드나 컴퓨터의 키보드를 두드리는 시간에 비해 펜을 잡고 직접 '나만의 글씨'를 쓰는 시간이 훨씬 적었을 거예요. 흔히 말하는 "바쁘다 바빠, 현대 사회!"라는 말에 걸맞게 현대 사회 속 우리는 간단한 메모조차 휴대폰이나 컴퓨터로 빠르게 써 내려갑니다. 물론 키보드를 사용하면 균일한 폰트 덕분에 글씨가 망가질 일도 없고, 쓰고자 하는 글도 빠르게 마무리할 수 있어요. 실수했을 때 남는 지우개 자국도 없고요. 하지만 손글씨가 주는 따뜻한 분위기와 한 자 한 자 정성스레 쓰인 온기를 키보드가 담아낼 수 있을까요?

저는 손글씨가 키보드로 쓴 디지털 텍스트보다 더 따스하고 묵직한 힘이 있다고 믿습니다. 어릴 적 썼던 일기를 떠올려볼까요? 저는 유치원을 다닐 때부터 초등학교를 졸업할 때까지의 일기장을 전부 가지고 있답니다. 종종 어릴 적 일기장을 꺼내서 읽어보는데, 그 시절의 제 글씨를 볼 때면 당시의 교실 분위기와 여름 방학에만 느낄 수 있던 여름 냄새, 신발 속에 들어간 놀이터의 모래가 고스란히 느껴지는 듯합니다.

꼭 어릴 적 추억이 담긴 일기장에서뿐만 아니라 손글씨는 그 자체로 특별한 힘을 가지고 있습니다. 무슨 말을 써야할지 모든 문장마다 고민하고, 진심을 눌러 담아 쓴 손편지는 그 어떤 글보다 따뜻하죠! 매일의 감상을 기록하는 다이어리도 같은 힘을 지니고 있

어요. 예쁘게 쓰인 캘리그라피를 보면 나도 모르게 눈길이 가면서 그 안에 담긴 정성에 위로 받기도 합니다. 우리가 손으로 글을 적어내는 순간, 글씨는 단순한 글자의 역할을 넘어 '나' 그 자체가 됩니다.

글씨가 깔끔하고 반듯한 사람을 보면 자연스레 그 사람을 다시 한번 바라보게 되지 않나요? 깔끔하고 반듯한 글씨는 글씨의 주인도 그 분위기와 닮아 보이게 만듭니다. 이처럼 글씨는 한 사람의 인상을 결정짓는 중요한 요소가 돼요. 입력 장치로 쓴 글에서는 발견할 수 없는 부분이기도 합니다. 더구나 요즘처럼 손글씨를 쓸 일이 줄어든 시대에는 바르고 정갈한 손글씨가 더욱 희소성 있는 가치로 여겨집니다. 그렇기 때문에 손글씨는 키보드로 담을 수 없는 깊은 힘을 지닌다고 할 수 있죠!

이 책을 통해 저와 만나신 분들은 아마 예쁜 글씨를 가지고 싶다는 마음으로 이 책을 선택하셨을 거예요. 글씨체를 바꾸거나 글씨를 예쁘게 쓴다는 건 간단해 보여도 막상 해보면 생각보다 어렵게 느껴질 수 있어요. 이미 여러 번 바른 글씨를 쓰려고 시도했지만 중간에 포기하신 분들도 계실 것 같아요. 충분히 그럴 수 있는 일이죠. 습관과도 같은, 평생 써온 글씨체를 하루아침에 바꾸는 건 쉽지 않으니까요. 하지만 더 이상 걱정하지 마세요! 제가 다양한 글씨를 써보면서 찾은 '단정한 손글씨 공식'은 물론, 다양한 노하우들까지 이 책에서 모두 알려드릴게요.

이 책과 함께 여러분만의 바른 글씨를 찾아갈 여정이 벌써부터 기대되는데요!
이제 바른 글씨를 향한 첫걸음을 함께 내디뎌볼까요?

2025년 11월, 현진 드림

2. 글씨에도 분위기가 있다!

여러분의 '글씨 추구미'는 무엇인가요?
보기만 해도 마음이 몽글몽글해지는 귀여운 글씨, 바른 글씨의 정석같이 또박또박 쓰인 글씨, 그리고 감성 가득한 손편지에 어울릴 법한 글씨는 물론, 시원시원하면서 어른스러운 글씨도 매력적이죠.

글씨에도 분위기가 있다.

글씨에도 분위기가 있다.

글씨에도 분위기가 있다.

글씨에도 분위기가 있다.

같은 문장이지만 글씨체에 따라 모두 다르게 느껴지지 않나요? 글씨체마다 품고 있는 **분위기**가 다르기 때문이에요. 대체적으로 자음이 크고 둥글면 귀여운 느낌이 들고, 또박또박 각진 글씨는 정갈하고 깔끔하게 느껴집니다. 전반적으로 기울어진 느낌, 큼직한 모음은 어른스러운 분위기를 만들어준답니다. 여러분은 어떤 분위기의 글씨가 마음에 드시나요? 특히 마음이 가는 글씨의 분위기가 있다면 그게 바로 여러분의 '글씨 추구미'랍니다!

하나를 꼭 집어 선택하지 못했더라도 괜찮아요! 이 책에서 우리는 제가 평소 다이어리를 쓸 때는 물론, 일상적으로도 쓰고 있는 글씨체에 대해 배울 테니까요. 앞으로는 이 글씨체를 '**현진체**'라고 부르겠습니다.

글씨에도 분위기가 있다.

현진체는 반듯하면서도 일상에서 편하게 사용할 수 있도록 자유로운 느낌을 담은 글씨체예요. 이 책을 바탕으로 **현진체**를 잘 익히면, 앞서 보여드린 귀여운 글씨, 또박또박 바른 글씨, 감성적인 손편지 글씨, 어른스러운 글씨까지 어렵지 않게 쓸 수 있어요. 모양이나 분위기는 전부 달라 보여도 **현진체**를 배우면서 깨닫게 될 공통점이 있거든요!

이제 저와 함께 **현진체**를 익히면서 원하는 분위기의 글씨를 자유롭게 쓸 수 있게 될 그날까지…! 같이 연습해 봅시다!

3. 내 글씨 관찰하기

바르게 글씨를 쓰고, 더 나아가 내가 원하는 분위기의 글씨를 자유롭게 쓰려면 먼저 내 글씨를 관찰하는 과정이 필요해요! 평소에 글씨를 쓰면서 아쉬웠던 점이나 내 글씨의 특징을 아래의 체크리스트를 통해 살펴볼까요?

내가 보는 내 글씨 - 체크리스트

1. 내 글씨의 정돈과 정렬
   - ☐ 글씨를 쓰면 자꾸 위로 올라가요.
   - ☐ 글씨를 쓰면 자꾸 아래로 내려가요.
   - ☐ 글자의 크기가 들쑥날쑥해요.
   - ☐ 글자의 간격이 일정하지 않아요.

2. 내 글씨의 흐름
   - ☐ 처음에는 예쁜 글씨였는데, 갈수록 흐트러져요.
   - ☐ 빨리 쓰면 글씨가 엉망이 돼요.
   - ☐ 한 자 한 자 또박또박 적어도 전체적인 조화가 아쉬워요.
   - ☐ 강약 조절이 어려워서 자꾸만 연필심이나 샤프심이 부러져요.

3. 내 글씨의 가독성
   - ☐ 내 글씨는 너무 작아요.
   - ☐ 내 글씨는 너무 커요.
   - ☐ 누군가가 내 글씨를 보면 민망해요.
   - ☐ 내 글씨가 마음에 들지 않아요.
   - ☐ 내가 쓴 글씨를 읽기 어려울 때도 있어요.

어떤가요? 체크리스트를 보며 고개를 끄덕이거나 '내 얘기야!'라고 생각하지 않으셨나요? 만약 저 중에서 하나라도 공감했다면, 이 책을 잘 찾아오신 거예요!

이 책에서는 단순히 '예쁜' 글씨를 따라 쓰는 것이 아니라, 일상에서도 바른 글씨를 유지할 수 있도록 차근차근 연습해 볼 거예요. 연습이니까 당연히 완벽하지 않아도, 실수해도 괜찮아요! 꾸준히 따라가다 보면 어느새 달라진 내 글씨를 만나게 될 테니까요. 자, 그럼 다음 단계로 넘어가 볼까요?

contents

프롤로그

1. 키보드를 이기는 손글씨 6
2. 글씨에도 분위기가 있다! 8
3. 내 글씨 관찰하기 10

Part 1. 준비하기

① 준비물 16
② 그림을 그리듯 시작하자 18
③ 단정한 손글씨 공식 21
　(1) 밑줄과 높이, 그리고 띄어쓰기 21
　(2) 네모 상자 26
④ 한글 자음 연습 29
　(1) 단자음 29
　(2) 쌍자음 32
⑤ 한글 모음 연습 34
　(1) 단모음 34
　(2) 이중모음 36

Part 2. 한글 글자 쓰기

① 받침 없는 글자(1) 42
　받침 없는 글자(2) 62
　받침 없는 글자(3) 74
② 받침 있는 글자(1) 90
　받침 있는 글자(2) 92
　받침 있는 글자(3) 94
　받침 있는 글자(4) 96

Part 3. 영어 알파벳 쓰기

① 소문자 102
② 대문자 108

Part 4. 숫자 쓰기

숫자 116

Part 5. 문장 부호와 특수 문자 쓰기

① 문장 부호 122
② 특수 문자 126

Part 6. 단어 쓰기

① 한글 단어 132
② 영어 단어 144
③ 한글·영어 알파벳·숫자 조합 156

Part 7. 문장 쓰기

① 한글 짧은 문장 164
② 한글 긴 문장 174
③ 영어 짧은 문장 186
④ 영어 긴 문장 192

Part 8. 이모티콘

① 표정 그리기 200
② 간단한 동물 그리기 204
③ 간단한 사물 그리기 212

Part 9. 손글씨 FAQ

손글씨 FAQ 220

Part 1.
준비하기

준비하기 ① 준비물

필기구를 고르는 일은 생각보다 쉽지 않아요. 특히 '글씨 연습'을 위한 필기구를 준비하려면 괜히 거창하게 골라야 할 것 같아서 더 고민이 되기도 하죠. 필기구 종류가 워낙 다양하고, 직접 써보기 전까지는 나와 잘 맞는지도 모르니까 어느 것을 고를지 고민이 되는 건 당연해요.
하지만 걱정하지 마세요! 제가 직접 써보고 좋다고 느꼈던 제품들만 쏙쏙 골라서 소개할게요!

1. 볼펜 - 시그노 노크식(0.28mm / 0.38mm)

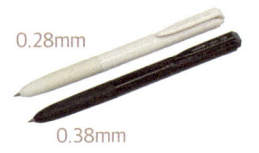

시그노 노크식 볼펜은 저의 '최애템'이에요! 주로 0.28mm를 사용하는데, 가는 펜촉이 낯설거나 부담스러우신 분들은 0.38mm 제품을 먼저 사용해 보시는 걸 추천해 드립니다.
이 펜은 펜촉이 상당히 가는 편이라 글씨를 작게 쓰시는 분들이나 섬세한 필기를 원하는 분들과 잘 맞을 거예요. 펜촉이 가늘기 때문에 글자의 디테일한 부분이 뭉개지지 않고 잘 보이거든요.
다만 미끄러운 재질의 종이에 사용하거나, 글씨를 쓴 지 얼마 안 되었을 때는 잉크가 쉽게 번질 수 있답니다.

2. 샤프 - 유니 쿠루토가 KS 뉴 스탠다드(0.5mm)

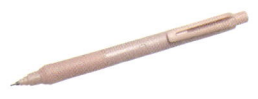

글씨 연습을 하다 보면 실수를 하기도 하고, 아예 지우고 다시 써야 할 때도 있어요. 볼펜으로 쓴 글씨는 고치기 어렵기 때문에 샤프를 함께 사용하는 걸 추천해요!
0.5mm 심은 우리가 흔히 사용하는 굵기라 많은 분들이 어색함

없이 편하게 사용할 수 있을 거예요. 심이 너무 얇지도, 굵지도 않기 때문에 필기할 때 안정적이죠. 균일한 필기를 하고 싶은 분들, 그리고 디자인까지 챙기고 싶은 분들께 강력 추천해 드리는 샤프예요!

3. 샤프심 - 제노 샤프심 0.5mm(B)

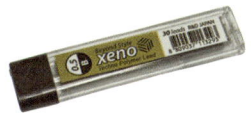

문구점의 필기구 코너만 가봐도 샤프심 종류가 굉장히 많은데요. 샤프심의 굵기와 진하기에 따라 글씨의 느낌이 달라지기 때문이에요. 그중에서 저는 제노 샤프심 0.5mm(B)를 사용하고 있어요. 이 제품은 까만 뚜껑이 특징인데, 문구점·팬시점의 필기구 코너에서 쉽게 찾을 수 있답니다.
저는 진한 글씨를 선호해서 B심을 사용하는데, 만약 조금 더 연한 글씨를 원하신다면 HB심을 선택하시면 됩니다!

4. 지우개 - 톰보 지우개

부드러우면서도 깔끔하게 잘 지워지는 지우개예요. 크기가 작지 않은 편이라 오래 사용할 수 있고, 모서리가 뾰족해서 작은 부분이나 세밀한 곳을 지울 때도 편리하답니다.

필기구 준비를 마쳤으니, 이제 본격적으로 글씨 연습을 해볼까요? 꾸준히 연습할 수 있도록 마음까지 다잡았다면 완벽해요! 준비한 필기구들로 천천히, 그리고 즐겁게 글씨 연습을 해봅시다!

준비하기 ② 그림을 그리듯 시작하자

글자들을 가만히 들여다보면 모두 점과 직선, 그리고 곡선으로 이루어져 있다는 걸 발견할 수 있어요. 이러한 요소들이 모여서 이루어진 글자들은 작은 그림처럼 보이기도 한답니다.
이제 손도 풀고 필기구와도 친해질 겸, 직접 펜을 들고 간단한 선 긋기부터 시작해 볼 거예요. 글씨를 쓸 때 자주 쓰이는 기본 모양들을 따라 그려보면서 가볍게 낙서를 하듯 편하게 익혀봅시다!

직선

직선을 반듯하게 쓰는 것만으로도 글씨가 훨씬 정돈되어 보인다는 사실! 알고 계셨나요? 글씨의 기본이 되는 선을 바르게 그리는 연습이 큰 도움이 될 거예요.

곡선

곡선은 한글뿐만 아니라 알파벳을 쓸 때나 문장 부호를 쓸 때도 많이 사용돼요. 깔끔하게 그려진 곡선은 글씨를 더 부드러워 보이게 해준답니다. 너무 과하게 굴려 쓰지 않는 것도 중요해요!

여러가지 모양들

여러가지 모양을 그려보는 것도 꼭 필요한 과정이에요! '엥? 이건 글씨 쓸 때 필요 없는 것 같은데?' 싶어도 다양한 모양을 '바르게' 그려보면서 펜에 익숙해지는 시간이 필요하니까요!

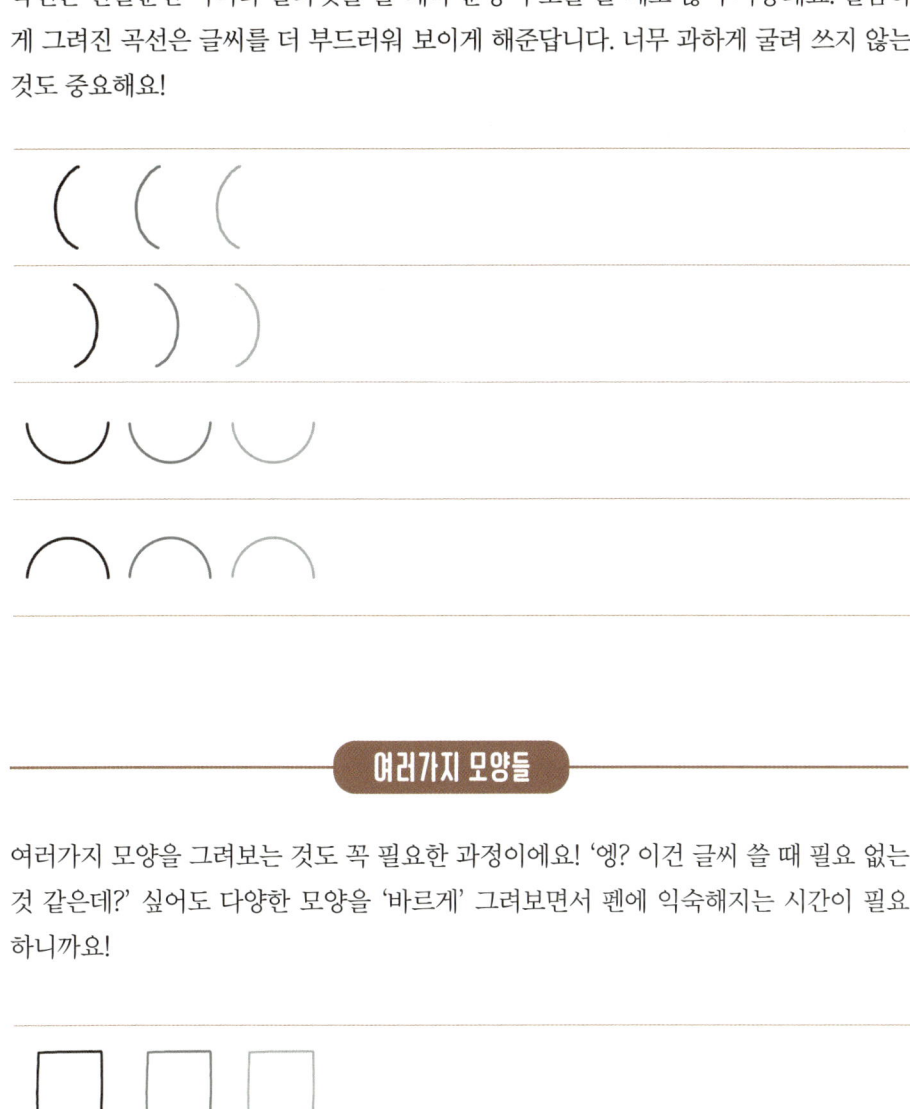

직선, 곡선을 비롯해 다양한 모양을 그려보는 시간, 어떠셨나요? 교과서 모퉁이에 낙서를 하던 기억이 새록새록 떠오른 분도 계실 것 같아요.
오늘 연습한 직선과 곡선, 그리고 여러가지 작은 모양들이 모여 글자가 만들어지는데요. 이 과정이 익숙해지면 앞으로 더욱 즐겁고 편안하게 나만의 단정한 글씨체를 만들어갈 수 있을 거예요.

준비하기 ③ 단정한 손글씨 공식

(1) 밑줄과 높이, 그리고 띄어쓰기

단정한 손글씨는 단순히 '글자만' 예쁘게 쓴다고 해서 완성되지 않아요. 아무리 글씨가 예뻐도 줄이 삐뚤고 글자의 높이가 들쑥날쑥하거나, 띄어쓰기가 적절하지 않으면 전체적으로 조화롭지 않아서 읽기 나쁘거든요.

밑줄과 높이, 그리고 띄어쓰기

지금부터는 '단정한 손글씨 공식'에 대해 알려드리려고 해요. 제가 글씨를 쓸 때 가장 많이 신경 쓰는 부분이기도 합니다. 지금은 글씨를 예쁘게 쓰려고 애쓰지 않아도 괜찮아요. 평소 내 글씨 그대로 다음 공식을 지키면서 차근차근 따라와 주세요!

밑줄 맞추기

글씨를 쓸 때 밑줄만 가지런히 맞춰도 전체적으로 정돈된 느낌을 줄 수 있어요.

밑줄을 가지런히 맞춰보자.

밑줄을 가지런히 맞춰보자.

이때 중요한 포인트는 바로,

1. 글자의 가장 아랫부분이 밑줄에 가까이 오도록 쓰기

   밑줄을 가지런히 맞춰보자.

2. 글자의 가장 아랫부분이 밑줄을 넘어가거나 지나치게 위로 떠 있지 않도록 조심하기

   밑줄을 가지런히 맞춰보자.

입니다. 이 두 가지만 잘 지킨다면 단정한 손글씨를 향한 첫걸음은 성공이에요!

그럼 이제 연습해 볼까요? 아래 문장을 밑줄에 맞춰 써보며 글자의 아랫부분이 밑줄과 잘 닿고 있는지 확인해 보세요.

햇살이 반짝거리는 날씨다.

(연습하기)

높이 맞추기

밑줄 맞추기 연습을 하다 보면 이제는 글자의 윗부분도 슬슬 눈에 들어오기 시작할 거예요. 밑줄은 가지런한데 높이가 제각각이면 전체적으로 흐트러져 보일 수 있어요.

높이 맞추기 연습을 해보자.

높이 맞추기 연습을 해보자.

이제는 좀 더 발전시켜서 '밑줄 맞추기'에 더해, '높이 맞추기' 연습을 해보겠습니다! 지금 주목해야 하는 포인트는,

1. 글자의 가장 높은 부분이 윗줄에 가까이 오도록 쓰기

높이 맞추기 연습을 해보자.

2. 글자의 가장 높은 부분이 윗줄을 넘어가거나 지나치게 아래로 내려가지 않도록 조심하기

높이 맞추기 연습을 해보자.

입니다. 원리는 밑줄 맞추기와 비슷하기 때문에, 처음보다 훨씬 수월하게 연습할 수 있을 거예요.
이제는 밑줄과 윗줄을 함께 의식하며 아래 문장을 따라 써봅시다.

기린과 바나나의 공통점은?

> 연습하기

띄어쓰기

글씨를 쓰다 보면 나도 모르게 띄어쓰기 간격이 조금씩 흐트러져 있을 수 있어요. 손글씨를 쓸 때 띄어쓰기는 생각보다 아주 중요해요. 띄어쓰기 간격이 너무 좁으면 답답해 보이면서 문장의 의미가 제대로 전달되지 않고, 반대로 너무 넓어도 문장을 읽기 힘들어지거든요.

띄어쓰기 간격이 너무 좁을 때

올바른띄어쓰기란무엇일까?

띄어쓰기 간격이 너무 넓을 때

올바른   띄어쓰기란   무엇일까?

그렇다면 올바른 띄어쓰기란 어떻게 하는 걸까요? 핵심은 바로 '적당한 간격'이에요. 손글씨를 쓸 때 띄어쓰기는,

1. 한 글자의 반 정도의 간격을 유지하는 것이 가장 이상적이에요.

이 정도 간격이면 글이 너무 붙지도, 흩어지지도 않으면서 훨씬 읽기 편해진답니다.

올바른 띄어쓰기란 무엇일까?

그래서 이번에는 띄어쓰기 간격을 의식하며 문장을 따라 써보는 연습을 해볼 거예요. 물론 이전에 배웠던 밑줄, 높이 맞추기도 함께 떠올려보면서 연습하면 더 좋겠죠?

단정한 손글씨 공식을 배워보자.

(연습하기)

자, 이제 단정한 손글씨 공식 첫 번째 과정을 마쳤어요! '생각보다 별 거 아닌데?' 했을 수도 있고, '이렇게나 신경쓸 게 많다고?' 하며 놀랐을 수도 있어요. 하지만 지금과 같은 흐름이라면 남은 '단정한 손글씨 공식'은 물론 그 이후의 과정도 충분히 잘 해낼 수 있을 거예요!

준비하기 ③ 단정한 손글씨 공식

(2) 네모 상자

앞서 우리는 밑줄, 높이 맞추기, 그리고 띄어쓰기까지 차근차근 배워봤어요. 이제는 이 걸 바탕으로 단정한 '글씨체' 만들기에 도전해 볼 거예요. 지금까지 멋지게 따라와 주셨으니, 이번에도 편안한 마음으로 시작해 봅시다!

단정한 글씨체를 위한 첫걸음은 **'네모 상자 안에 글자를 넣는다'**는 감각을 익히는 거예요. 이때 떠올릴 네모 상자는 **가로보다 세로가 살짝 더 긴 직사각형**입니다. 이 네모 상자가 바로 '한 글자'를 쓰는 공간이에요.

Step 1. 네모 상자 떠올리기

글씨를 쓸 때는 네모 상자를 머릿속으로 떠올리고, 상자의 크기에 맞춰서 글씨를 써주세요. 상자를 넘어가지 않도록 의식하면서 글자를 쓰다 보면 다른 글자와 밑줄과 높이가 맞춰져서 훨씬 쉽게 정돈된 글씨를 쓸 수 있게 돼요.

Step 2. 네모 상자 나누기

한 글자를 네모 상자 안에 잘 담기 위해서는 자음과 모음의 자리에 따라 상자를 나눠야 해요. 글자의 구조는 생각보다 다양해서 받침의 유무, 혹은 어떤 모음이 오는지에 따라 상자를 나누는 방식도 달라져요.

받침이 없는 글자

받침이 있는 글자

이중모음

Step 3. 네모 상자 속에 글자 적기

네모 상자를 떠올리고, 글자 구조에 따라 칸을 나눴다면 이제 그 칸 안에 직접 글자를 적어볼 차례예요. 아래의 예시를 참고해서 주어지는 글자를 네모 상자 안에 적어봅시다!

연습하기

해 ☐☐☐☐☐☐☐☐☐
소 ☐☐☐☐☐☐☐☐☐
너 ☐☐☐☐☐☐☐☐☐
집 ☐☐☐☐☐☐☐☐☐
국 ☐☐☐☐☐☐☐☐☐
병 ☐☐☐☐☐☐☐☐☐
과 ☐☐☐☐☐☐☐☐☐
띠 ☐☐☐☐☐☐☐☐☐
웽 ☐☐☐☐☐☐☐☐☐

준비하기 ④ 한글 자음 연습

(1) 단자음

'단정한 손글씨 공식'까지 익혔다면, 이제 정말 본격적으로 **현진체**를 배워볼 차례예요. 첫 단계는 자음 쓰기! 자음은 글자의 첫인상이라 깔끔하고 단정하게 쓰는 게 중요해요. 이 책에는 정석적인 방식보다는 제가 평소에 실제로 글씨를 쓰는 방식이 그대로 담겨 있어요. 하나하나 천천히 알려드릴게요.

ㄱ 시작점에서 살짝 올라가듯 쓰는 게 포인트예요. 꺾어지는 부분을 살짝 굴려 써주세요.

ㄴ 시작점에서 일자로 내려가다가 꺾어지는 부분을 살짝 굴려 써주세요. 끝부분을 조금 올려 써줘도 좋아요.

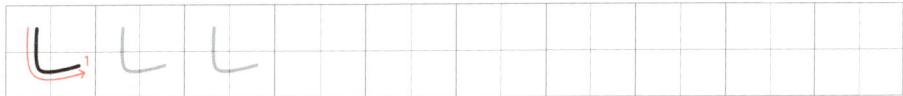

ㄷ 'ㄴ' 위에 지붕을 하나 얹어준다고 생각하면 간단해요.

ㄹ 'ㄹ'은 유독 꺾어지는 부분이 많아요. 꺾어지는 부분마다 부드럽게 굴려 써주세요.

ㅁ 2번 획을 둥글게 굴려 써주세요. 1번과 3번 획은 직선으로 끊어 씁니다.

ㅂ 너무 둥글지도, 각지지도 않게 1번 획을 휘리릭-! 써주세요. 2번 획으로 양옆을 이어주면 'ㅂ' 완성!

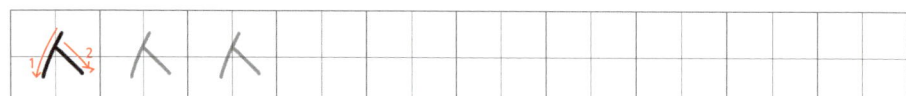

ㅅ 1번 획의 중간보다 살짝 위에서 2번 획을 시작해 주세요. 무심하게 그어준 직선들이 포인트!

ㅇ 반시계방향으로 원을 그려주세요. 원의 모양이 너무 정확하면 오히려 부자연스러울 수 있으니 약간 기울어진 듯한 타원 모양이 좋아요!

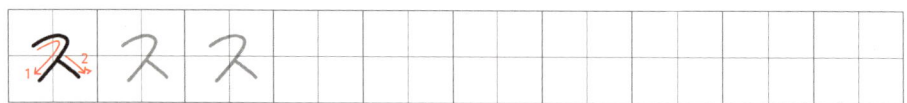

ㅈ 1번 획을 쓸 때 오른쪽 아래로 살짝 굴려서 부드럽게 내려와 주세요. 2번 획은 짧게 끊어 써줍니다.

ㅊ 'ㅈ'에 선 하나만 더하면 'ㅊ' 완성! 1번 획이 2번 획의 가로 길이보다 짧아야 해요.

ㅋ 'ㄱ'에 선 하나만 더하면 'ㅋ' 완성! 2번 획이 너무 길어지지 않도록 주의해 주세요.

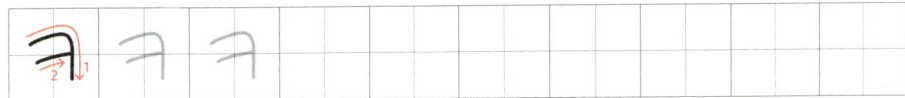

ㅌ 'ㄷ'에 선 하나만 더하면 'ㅌ' 완성! 1번과 2번 획의 길이는 비슷하게, 3번 획은 살짝 굴려서 끝을 약간 올려주세요.

ㅍ 'ㅍ'은 짧은 직선 4개로 이루어져 있어요. 4번 획이 미세하게 살짝 올라가 있는 게 포인트예요.

ㅎ 'ㅇ'에 모자를 씌워준다고 생각해 봅시다! 1번과 2번 획의 간격을 약간 좁게 긋고, 2번과 3번 획의 간격은 더 좁게 써주세요.

준비하기 ④ 한글 자음 연습

(2) 쌍자음

단자음에 이어 '쌍자음' 쓰는 법을 배워봅시다. 쌍자음이란, 같은 자음을 나란히 붙여 쓰는 글자예요.

쌍자음을 쓸 때는 이 부분에 주목해 주세요!

1. 두 자음의 너비는 1:1 비율로 균형 있게 맞춰주세요.

2. 두 자음의 높이와 밑줄을 맞춰주세요.

쌍자음의 종류는 많지 않지만 균형을 잡고 깔끔하게 쓰기 살짝 까다로워서 연습이 꼭 필요해요! 우리 같이 하나씩 배워봐요 :)

ㄲ 'ㄱ'이 연달아 붙어 있는 모양이에요. 두 개의 'ㄱ' 사이를 띄우지 말고 붙여 써주세요.

ㄸ 큼직한 'ㄷ'을 쓰고 가운데에 선 하나만 그려주면 쉽게 'ㄸ'이 완성돼요!

ㅃ 'ㅂ' 가운데에 세로 선만 하나 그려주세요. 'ㅃ'을 편하고 예쁘게 쓰는 방법이에요!

ㅆ 두 개의 'ㅅ' 사이를 띄우지 말고 연달아 붙여 써주세요.

ㅉ 두 개의 'ㅈ' 사이를 띄우지 말고 연달아 붙여 써주세요.

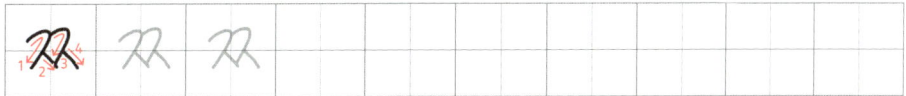

준비하기 ⑤ 한글 모음 연습

(1) 단모음

자음이 글자의 첫인상과 같다면 모음은 '안정감'이라고 할 수 있어요. 모음이 과도하게 크거나 작은 글자는 어딘가 어색하고 답답하면서 불안정해 보일 수 있거든요.

앞서 자음 쓰는 법을 배웠으니 이제는 모음을 써볼 차례예요! 모음은 모두 직선으로 이루어져 있어서 비교적 쓰기 쉬운 편이에요. 먼저, 단모음부터 차근차근 연습해 볼까요?

기본 단모음

ㅏ, ㅓ 세로로 긴 획의 절반 지점을 짧은 가로 획으로 끊어주듯이 써주세요.

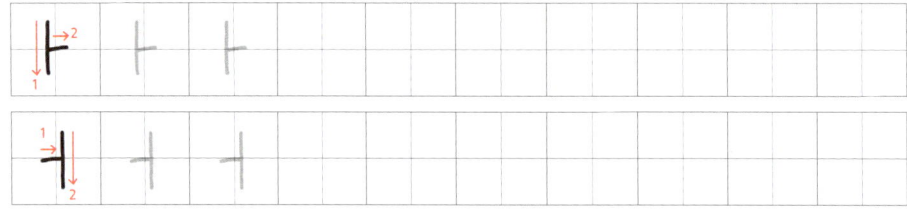

ㅗ, ㅜ 가로로 긴 획의 절반 지점을 짧은 세로 획으로 끊어주듯이 써주세요.

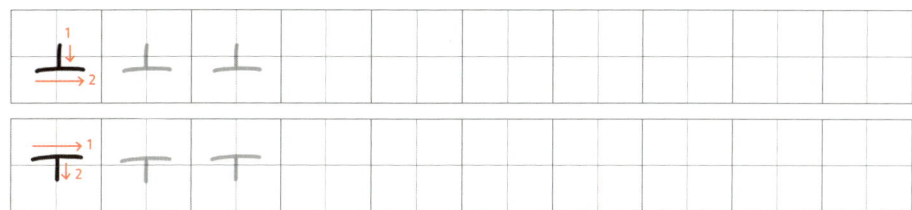

ㅡ, ㅣ '준비하기② 그림을 그리듯 시작하자'에서 연습했던 것 생각나시나요? 그때의 감각을 살려서 반듯한 선을 그려봅시다!

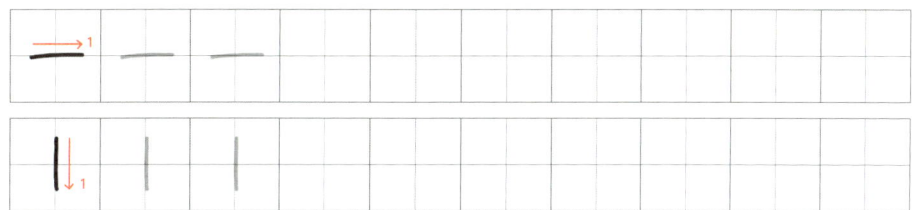

단모음 – 발전

ㅑ, ㅕ 세로로 긴 획을 짧은 가로 획 두 개로 삼등분하듯이 써주세요.

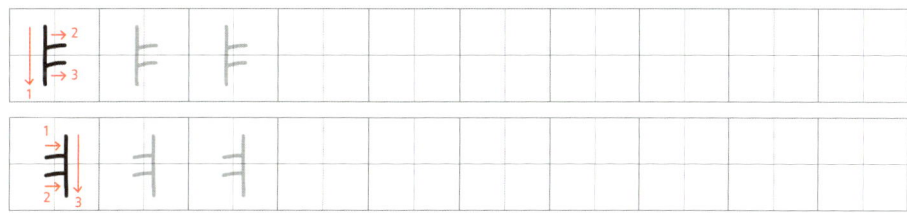

ㅛ, ㅠ 가로로 긴 획을 짧은 세로 획 두 개로 삼등분하듯이 써주세요.

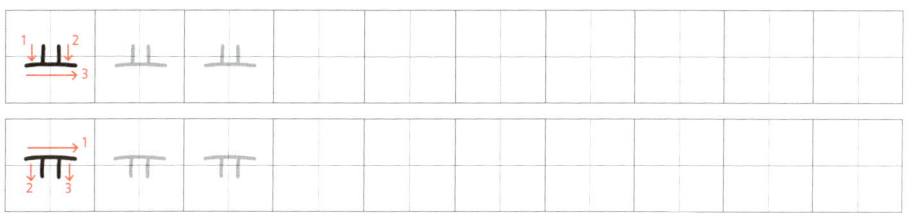

준비하기 ⑤ 한글 모음 연습

(2) 이중모음

'이중모음'은 모음 두 개가 나란히 붙어서 하나의 소리를 내는 글자예요. 손글씨를 쓸 때 이중모음이 포함된 글자는 왠지 모르게 복잡하게 생긴 것 같아서 예쁘고 단정하게 쓰기 어렵게 느껴질 수 있어요.

이중모음을 쓸 때 주목해야 하는 포인트는 다음과 같아요.

1. 두 모음의 간격을 너무 벌리지 않기

2. 모음끼리의 크기 균형 맞추기

그럼 이제부터 이중모음 쓰는 방법을 함께 배우고, 더 풍성하고 예쁜 글씨를 완성해 봅시다!

ㅐ 2번 획을 살짝 오른쪽 위로 올라가게 쓰면 자연스러워요. 1번 획과 3번 획의 간격이 너무 좁아지거나 넓어지지 않도록 주의해 주세요.

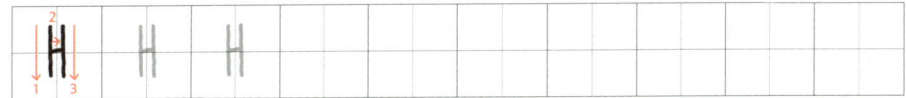

ㅔ 1번 획을 살짝 오른쪽 위로 올라가게 써줍니다. 2번 획과 3번 획의 간격이 너무 좁아지거나 넓어지지 않도록 주의해 주세요.

ㅒ 2번 획과 3번 획으로 1번 획을 삼등분해 주세요. 1번 획과 4번 획의 간격이 너무 좁아지거나 넓어지지 않도록 주의해 주세요.

ㅖ 1번 획과 2번 획의 길이가 너무 길어지지 않도록 조절해 주세요.

ㅘ, ㅙ 2번 획과 4번 획이 일직선으로 겹쳐져서 하나의 선으로 보이지 않도록 주의해 주세요.

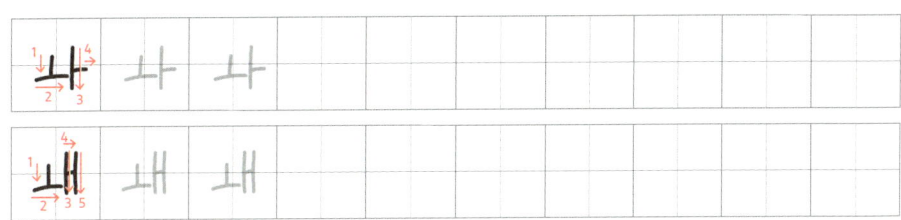

ㅚ 2번 획과 3번 획의 밑줄을 맞춘다고 생각하며 써주세요. 3번 획이 2번 획보다 살짝 더 내려와 있어도 자연스러워요.

ㅝ 1번 획과 3번 획을 살짝 오른쪽 위로 올라가게 쓰면 자연스러워요.

ㅞ 4번 획과 5번 획의 간격이 너무 좁아지거나 넓어지지 않도록 주의해 주세요.

ㅟ 2번 획과 3번 획이 평행하도록 써주고 둘의 밑줄을 맞춰주면 훨씬 안정적인 모양이 돼요.

ㅢ 1번 획을 너무 위쪽에 쓰면 'ㅓ'와 구분하기 어려우니 1번 획의 위치를 신경 써주세요. 또한 1번 획과 2번 획이 닿으면 글자의 가독성이 조금 떨어질 수 있어요. 서로 닿지 않도록 주의해 주세요.

자유롭게 연습하기

Part 2.
한글 글자 쓰기

① 받침 없는 글자(1)
　　받침 없는 글자(2)
　　받침 없는 글자(3)
② 받침 있는 글자(1)
　　받침 있는 글자(2)
　　받침 있는 글자(3)

한글 글자 쓰기 ① 받침 없는 글자(1)

앞서 배운 방법을 바탕으로, 자음과 모음을 합쳐 '글자'를 써봅시다. 먼저 받침이 없는 글자부터 써볼 텐데요. 그중에서도 세로형 모음을 사용하는 글자를 연습해 봅시다.
나중에 '어? 이 글자 어떻게 썼더라?' 싶은 순간에 다시 돌아와서 참고할 수 있도록 하나하나 꼼꼼하게 연습해 두면 앞으로 큰 도움이 될 거예요!

TIP 세로형 모음을 쓰는 글자

1. 자음과 모음의 비율

자음과 모음의 높이가 완벽하게 똑같을 필요는 없어요. 똑같은 것보다는 비슷한 높이일 때 오히려 더 자연스럽답니다!

가 까

2. 자음과 모음 사이의 간격

'ㅓ, ㅕ, ㅔ, ㅖ'와 같은 모음에서는 자음과 모음이 닿는 경우가 많아요.

1) 자음&모음이 닿는 경우: 오른쪽이 막혀 있는 자음 or 쌍자음

거 머 베 혜

2) 자음&모음이 닿지 않는 경우: 오른쪽이 오목한 자음(자음의 오목한 부분에 모음을 들여보내는 느낌이에요!)

러 쳐 네 데

3. 모음의 위치

1) 텨: 'ㅌ'과 'ㅕ'가 닿아도 되지만 가로 획이 한 줄로 이어지지 않게 주의해 주세요.

2) 려: 'ㄹ'의 아래쪽 오목한 부분에 가로 획을 모두 넣어주는 느낌으로 써주세요.

3) 써, 쩌: 'ㅆ'과 'ㅉ'의 오목한 부분과 모음이 닿도록 써주세요.

써 쩌

'ㅏ' 행

| 가 | 가 | 가 | | | | | | | |

| 나 | 나 | 나 | | | | | | | |

| 다 | 다 | 다 | | | | | | | |

| 라 | 라 | 라 | | | | | | | |

| 마 | 마 | 마 | | | | | | | |

| 바 | 바 | 바 | | | | | | | |

| 사 | 사 | 사 | | | | | | | |

| 아 | 아 | 아 | | | | | | | |

| 자 | 자 | 자 | | | | | | | |

| 차 | 차 | 차 | | | | | | | |

'야'행

갸 갸 갸

냐 냐 냐

댜 댜 댜

랴 랴 랴

먀 먀 먀

뱌 뱌 뱌

샤 샤 샤

야 야 야

쟈 쟈 쟈

챠 챠 챠

'ㅓ'행

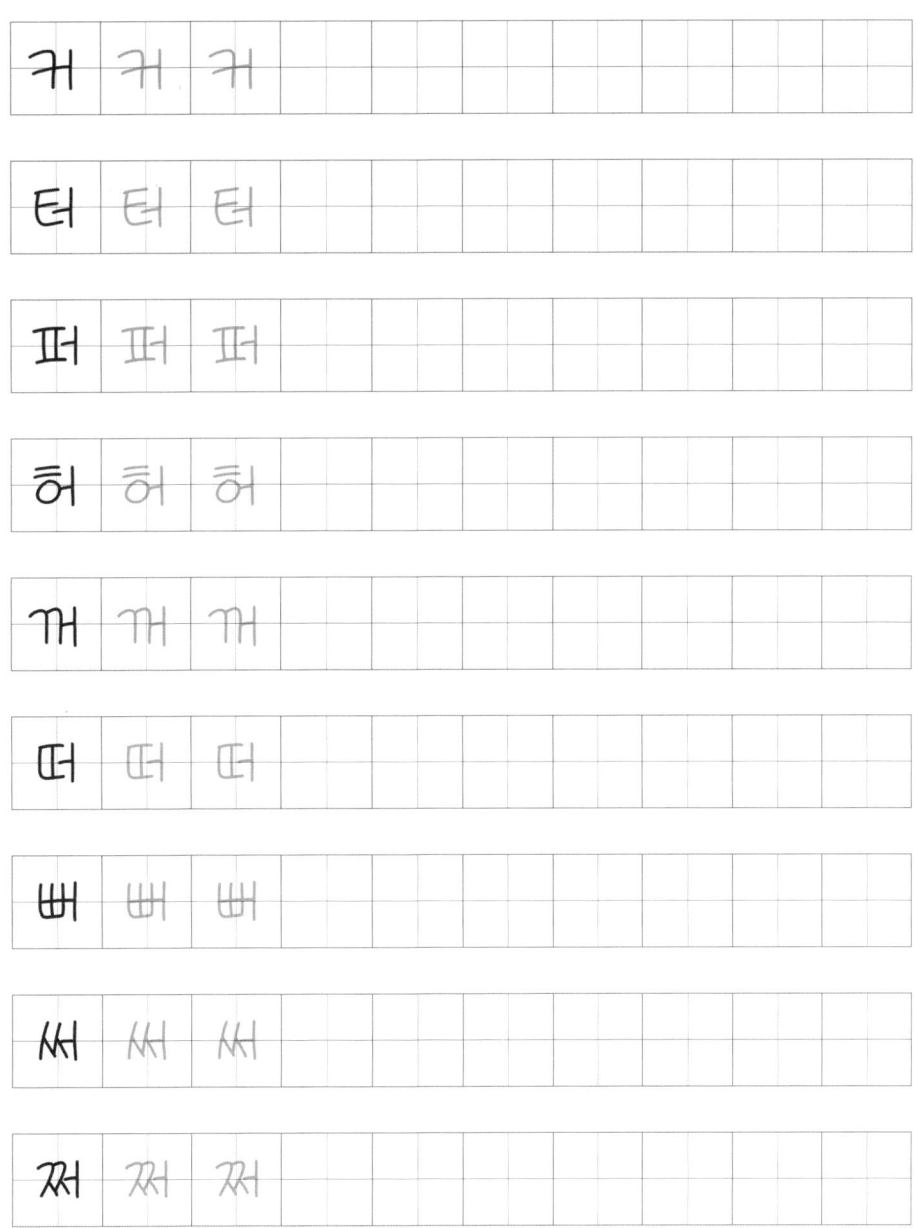

'ㅕ'행

'ㅣ'행

'ㅐ'행

| 개 | 개 | 개 | | | | | | | |

| 내 | 내 | 내 | | | | | | | |

| 대 | 대 | 대 | | | | | | | |

| 래 | 래 | 래 | | | | | | | |

| 매 | 매 | 매 | | | | | | | |

| 배 | 배 | 배 | | | | | | | |

| 새 | 새 | 새 | | | | | | | |

| 애 | 애 | 애 | | | | | | | |

| 재 | 재 | 재 | | | | | | | |

| 채 | 채 | 채 | | | | | | | |

| 개 | 개 | 개 | | | | | | | |

| 태 | 태 | 태 | | | | | | | |

| 패 | 패 | 패 | | | | | | | |

| 해 | 해 | 해 | | | | | | | |

| 깨 | 깨 | 깨 | | | | | | | |

| 때 | 때 | 때 | | | | | | | |

| 빼 | 빼 | 빼 | | | | | | | |

| 쌔 | 쌔 | 쌔 | | | | | | | |

| 째 | 째 | 째 | | | | | | | |

'ㅐ' 행

| 개 | 개 | 개 | | | | | | | | |

| 내 | 내 | 내 | | | | | | | | |

| 대 | 대 | 대 | | | | | | | | |

| 래 | 래 | 래 | | | | | | | | |

| 매 | 매 | 매 | | | | | | | | |

| 배 | 배 | 배 | | | | | | | | |

| 새 | 새 | 새 | | | | | | | | |

| 애 | 애 | 애 | | | | | | | | |

| 재 | 재 | 재 | | | | | | | | |

| 채 | 채 | 채 | | | | | | | | |

| 개 | 개 | 개 | | | | | | | |

| 태 | 태 | 태 | | | | | | | |

| 패 | 패 | 패 | | | | | | | |

| 해 | 해 | 해 | | | | | | | |

| 깨 | 깨 | 깨 | | | | | | | |

| 때 | 때 | 때 | | | | | | | |

| 빼 | 빼 | 빼 | | | | | | | |

| 쌔 | 쌔 | 쌔 | | | | | | | |

| 째 | 째 | 째 | | | | | | | |

'게'행

게 게 게

네 네 네

데 데 데

레 레 레

메 메 메

베 베 베

세 세 세

에 에 에

제 제 제

체 체 체

| 게 | 게 | 게 | | | | | | | |

| 테 | 테 | 테 | | | | | | | |

| 페 | 페 | 페 | | | | | | | |

| 헤 | 헤 | 헤 | | | | | | | |

| 꼐 | 꼐 | 꼐 | | | | | | | |

| 떼 | 떼 | 떼 | | | | | | | |

| 뻬 | 뻬 | 뻬 | | | | | | | |

| 쎄 | 쎄 | 쎄 | | | | | | | |

| 쩨 | 쩨 | 쩨 | | | | | | | |

'ㅖ'행

| 계 | 계 | 계 | | | | | | | |

| 녜 | 녜 | 녜 | | | | | | | |

| 뎨 | 뎨 | 뎨 | | | | | | | |

| 례 | 례 | 례 | | | | | | | |

| 몌 | 몌 | 몌 | | | | | | | |

| 볘 | 볘 | 볘 | | | | | | | |

| 셰 | 셰 | 셰 | | | | | | | |

| 예 | 예 | 예 | | | | | | | |

| 졔 | 졔 | 졔 | | | | | | | |

| 쳬 | 쳬 | 쳬 | | | | | | | |

| 계 | 계 | 계 | | | | | | | | |

| 톄 | 톄 | 톄 | | | | | | | | |

| 폐 | 폐 | 폐 | | | | | | | | |

| 혜 | 혜 | 혜 | | | | | | | | |

| 꼐 | 꼐 | 꼐 | | | | | | | | |

| 뗴 | 뗴 | 뗴 | | | | | | | | |

| 뼤 | 뼤 | 뼤 | | | | | | | | |

| 쎼 | 쎼 | 쎼 | | | | | | | | |

| 쪠 | 쪠 | 쪠 | | | | | | | | |

한글 글자 쓰기 ① 받침 없는 글자(2)

이번에는 가로형 모음을 사용하는 글자를 써봅시다. 한 글자씩 차분하게, 마음에 여유를 가지고 써보는 게 중요해요!

> **TIP 가로형 모음을 쓰는 글자**

1. 자음과 모음의 비율
가로형 모음 역시 자음과 모음의 너비가 완벽하게 똑같은 것보다는 모음을 살~짝 더 길게 써주는 게 자연스러워요.

2. 자음과 모음 사이의 간격

1) 자음&모음이 닿는 경우
   아래쪽이 막힌 자음 + 위로 솟은 모음

2) 자음&모음이 닿지 않는 경우
   아래쪽이 뚫린 자음 + 위로 솟은 모음

교 죠 초 코 소

윗부분이 가로로 평평한 모음

ㄹ ㅎ 수 푸 추

3. 모음의 위치

쌍자음과 가로형 모음을 쓸 때는 모음의 세로 획이 어디에 위치하는지에 따라 글씨의 분위기가 달라질 수 있어요. 세로 획의 위치를 생각하며 글자를 써주세요.

1) 단모음일 경우: 단모음의 세로 획으로 쌍자음을 이등분한다고 생각하고 모음의 위치를 잡아주세요. 단, 'ㄲ'은 예외적으로 가이드처럼 살짝 오른쪽에 치우치게끔 쓰는 게 자연스러워요.

2) 이중모음일 경우: 이중모음의 세로 획 하나에 쌍자음의 자음 한 쪽을 짝지어준다고 생각하고 모음의 위치를 잡아주세요.

(연습하기)

'ㅗ' 행

'ㅛ'행

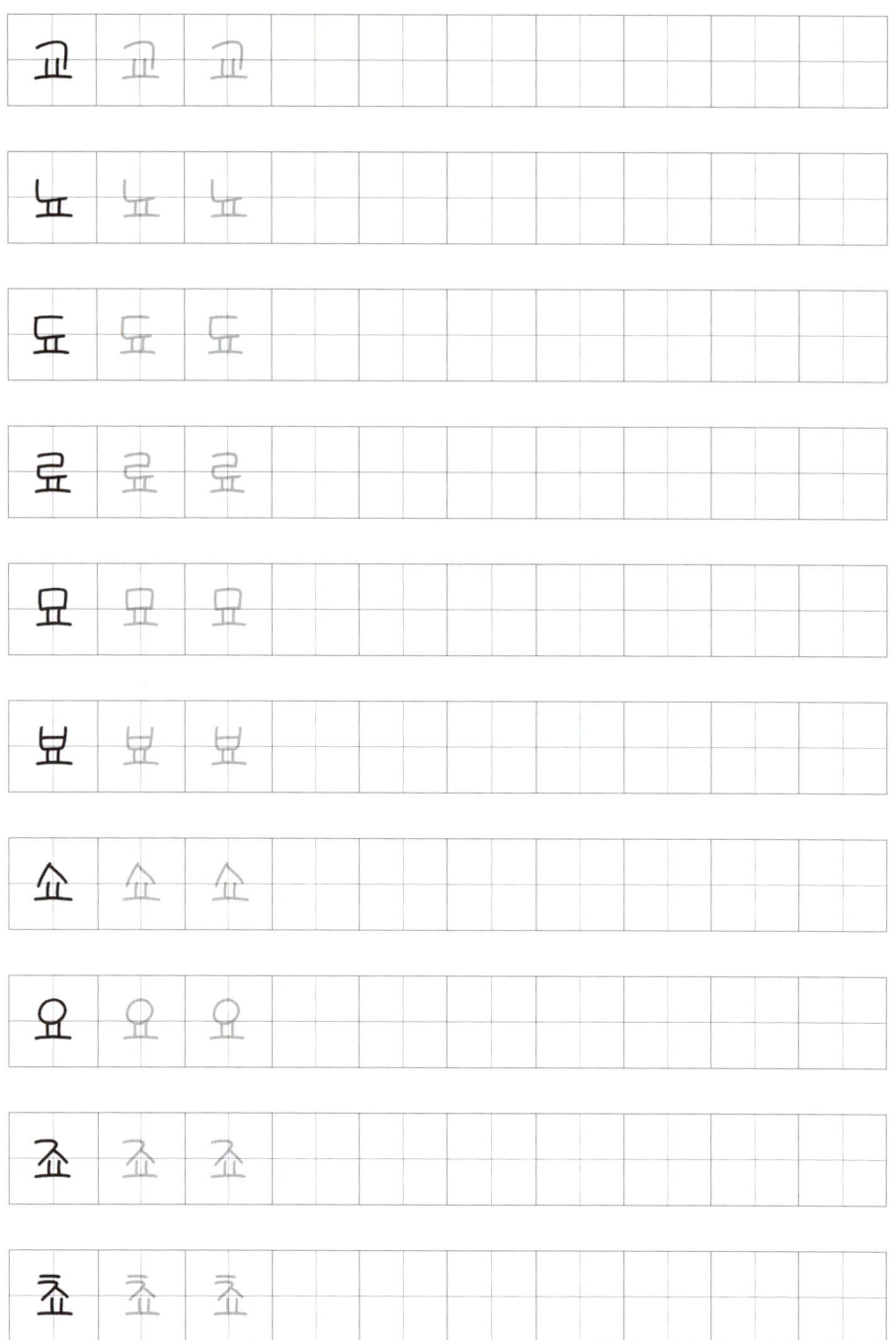

| 쿄 | 쿄 | 쿄 | | | | | | | |

| 툐 | 툐 | 툐 | | | | | | | |

| 표 | 표 | 표 | | | | | | | |

| 효 | 효 | 효 | | | | | | | |

| 꾜 | 꾜 | 꾜 | | | | | | | |

| 됴 | 됴 | 됴 | | | | | | | |

| 뾰 | 뾰 | 뾰 | | | | | | | |

| 쑈 | 쑈 | 쑈 | | | | | | | |

| 쬬 | 쬬 | 쬬 | | | | | | | |

'ㅜ' 행

| 쿠 | 쿠 | 쿠 | | | | | | | |

| 투 | 투 | 투 | | | | | | | |

| 푸 | 푸 | 푸 | | | | | | | |

| 후 | 후 | 후 | | | | | | | |

| 꾸 | 꾸 | 꾸 | | | | | | | |

| 뚜 | 뚜 | 뚜 | | | | | | | |

| 뿌 | 뿌 | 뿌 | | | | | | | |

| 쑤 | 쑤 | 쑤 | | | | | | | |

| 쭈 | 쭈 | 쭈 | | | | | | | |

'ㅠ'행

규	규	규
뉴	뉴	뉴
듀	듀	듀
류	류	류
뮤	뮤	뮤
뷰	뷰	뷰
슈	슈	슈
유	유	유
쥬	쥬	쥬
츄	츄	츄

큐 큐 큐

튜 튜 튜

퓨 퓨 퓨

휴 휴 휴

뀨 뀨 뀨

뜌 뜌 뜌

쀼 쀼 쀼

쓔 쓔 쓔

쮸 쮸 쮸

'ㅡ'행

한글 글자 쓰기 ① 받침 없는 글자(3)

받침 없는 글자 중 가장 복잡한 부분이에요. 앞에서 연습한 세로형 모음과 가로형 모음이 합쳐진 형태이기 때문인데요. 하지만 걱정하지 마세요! 꾸준히 연습하다 보면 이 부분 역시 익숙하게 쓸 수 있을 거예요. 앞으로 이어지는 팁들까지 잘 활용해서 받침 없는 글자를 마스터해 봅시다!

TIP 복잡한 형태의 모음을 쓰는 글자

1. 자음과 모음의 비율

세로형과 가로형이 결합된 형태의 모음을 쓰는 글자에서, 자음은 가로로 살짝 길거나 가로세로를 1:1 비율로 쓰는 게 자연스러워요. 자음이 세로로 길쭉해지지 않게 주의해 주세요!

2. 모음끼리의 밑줄 맞추기

1) 세로형과 가로형이 결합된 형태의 모음을 쓸 때는 두 모음의 밑줄을 맞춰주세요.

2) 'ㅢ'를 쓸 때는 'ㅡ'와 'ㅣ'가 닿지 않도록 주의해 주세요. 밑줄을 맞춰 쓰다 보면 두 모음이 맞닿아 있을 때 글자의 가독성이 조금 떨어질 수 있어요.

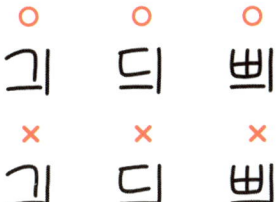

3. 모음의 위치

'ㅝ', 'ㅞ'의 경우 'ㅜ'의 오른쪽 아래 공간에 'ㅓ', 'ㅔ'를 끼워넣는 느낌으로 써주세요. 'ㅓ'와 'ㅔ'의 가로 획이 'ㅜ'의 가로 획 아래쪽으로 내려가는 게 자연스럽습니다!

연습하기

'ㅘ' 행

| 과 | 과 | 과 | | | | | | | | |

| 놔 | 놔 | 놔 | | | | | | | | |

| 돠 | 돠 | 돠 | | | | | | | | |

| 롸 | 롸 | 롸 | | | | | | | | |

| 뫄 | 뫄 | 뫄 | | | | | | | | |

| 봐 | 봐 | 봐 | | | | | | | | |

| 솨 | 솨 | 솨 | | | | | | | | |

| 와 | 와 | 와 | | | | | | | | |

| 좌 | 좌 | 좌 | | | | | | | | |

| 촤 | 촤 | 촤 | | | | | | | | |

'ㅙ' 행

| 쾌 | 쾌 | 쾌 | | | | | | | |

| 퇘 | 퇘 | 퇘 | | | | | | | |

| 퐤 | 퐤 | 퐤 | | | | | | | |

| 홰 | 홰 | 홰 | | | | | | | |

| 꽤 | 꽤 | 꽤 | | | | | | | |

| 뙈 | 뙈 | 뙈 | | | | | | | |

| 뽸 | 뽸 | 뽸 | | | | | | | |

| 쐐 | 쐐 | 쐐 | | | | | | | |

| 쫴 | 쫴 | 쫴 | | | | | | | |

'ㅚ' 행

| 괴 | 괴 | 괴 | | | | | | | |

| 퇴 | 퇴 | 퇴 | | | | | | | |

| 퓌 | 퓌 | 퓌 | | | | | | | |

| 회 | 회 | 회 | | | | | | | |

| 꾀 | 꾀 | 꾀 | | | | | | | |

| 뙤 | 뙤 | 뙤 | | | | | | | |

| 뾔 | 뾔 | 뾔 | | | | | | | |

| 쐬 | 쐬 | 쐬 | | | | | | | |

| 쬐 | 쬐 | 쬐 | | | | | | | |

'ㅟ' 행

| 궈 | 궈 | 궈 | | | | | | | | |

| 눠 | 눠 | 눠 | | | | | | | | |

| 둬 | 둬 | 둬 | | | | | | | | |

| 뤄 | 뤄 | 뤄 | | | | | | | | |

| 뭐 | 뭐 | 뭐 | | | | | | | | |

| 붜 | 붜 | 붜 | | | | | | | | |

| 쉬 | 쉬 | 쉬 | | | | | | | | |

| 워 | 워 | 워 | | | | | | | | |

| 줘 | 줘 | 줘 | | | | | | | | |

| 춰 | 춰 | 춰 | | | | | | | | |

| 궈 | 궈 | 궈 | | | | | | | |

| 퉈 | 퉈 | 퉈 | | | | | | | |

| 풔 | 풔 | 풔 | | | | | | | |

| 훠 | 훠 | 훠 | | | | | | | |

| 꿔 | 꿔 | 꿔 | | | | | | | |

| 뚸 | 뚸 | 뚸 | | | | | | | |

| 뿨 | 뿨 | 뿨 | | | | | | | |

| 쒀 | 쒀 | 쒀 | | | | | | | |

| 쭤 | 쭤 | 쭤 | | | | | | | |

'ㅞ' 행

궤	궤	궤
눼	눼	눼
뒈	뒈	뒈
뤠	뤠	뤠
뭬	뭬	뭬
붸	붸	붸
쉐	쉐	쉐
웨	웨	웨
줴	줴	줴
췌	췌	췌

| 궤 | 궤 | 궤 | | | | | | | |

| 퉤 | 퉤 | 퉤 | | | | | | | |

| 풰 | 풰 | 풰 | | | | | | | |

| 훼 | 훼 | 훼 | | | | | | | |

| 꿰 | 꿰 | 꿰 | | | | | | | |

| 뛔 | 뛔 | 뛔 | | | | | | | |

| 뿨 | 뿨 | 뿨 | | | | | | | |

| 쒜 | 쒜 | 쒜 | | | | | | | |

| 쮀 | 쮀 | 쮀 | | | | | | | |

'ㅟ' 행

| 귀 | 귀 | 귀 | | | | | | | | |

| 뉘 | 뉘 | 뉘 | | | | | | | | |

| 뒤 | 뒤 | 뒤 | | | | | | | | |

| 뤼 | 뤼 | 뤼 | | | | | | | | |

| 뮈 | 뮈 | 뮈 | | | | | | | | |

| 뷔 | 뷔 | 뷔 | | | | | | | | |

| 쉬 | 쉬 | 쉬 | | | | | | | | |

| 위 | 위 | 위 | | | | | | | | |

| 쥐 | 쥐 | 쥐 | | | | | | | | |

| 취 | 취 | 취 | | | | | | | | |

| 퀴 | 퀴 | 퀴 | | | | | | | |

| 튀 | 튀 | 튀 | | | | | | | |

| 퓌 | 퓌 | 퓌 | | | | | | | |

| 휘 | 휘 | 휘 | | | | | | | |

| 뀌 | 뀌 | 뀌 | | | | | | | |

| 뛰 | 뛰 | 뛰 | | | | | | | |

| 쀠 | 쀠 | 쀠 | | | | | | | |

| 쒸 | 쒸 | 쒸 | | | | | | | |

| 쮜 | 쮜 | 쮜 | | | | | | | |

'ㅣ' 행

| 키 | 키 | 키 | | | | | | | |

| 티 | 티 | 티 | | | | | | | |

| 피 | 피 | 피 | | | | | | | |

| 히 | 히 | 히 | | | | | | | |

| 끼 | 끼 | 끼 | | | | | | | |

| 띠 | 띠 | 띠 | | | | | | | |

| 삐 | 삐 | 삐 | | | | | | | |

| 씨 | 씨 | 씨 | | | | | | | |

| 찌 | 찌 | 찌 | | | | | | | |

한글 글자 쓰기 ② 받침 있는 글자(1)

앞에서는 받침 없는 글자들을 써보면서 자음과 모음을 어떻게 조합하는지 연습해 보았어요. 이제는 여기에 받침이 더해진 글자들을 써볼 시간이에요. 글자에 받침이 추가되면 글자의 모양이나 균형이 살짝 더 복잡해지기 때문에 처음에는 낯설고 어렵게 느껴질 수 있지만 이번에도 천천히 하나씩 연습하다 보면 어느새 자연스럽게 익숙해질 거예요!

TIP 홑받침 – 세로형 모음을 쓰는 글자

1. 받침의 모양

받침에 쓰이는 자음들은 대체로 가로로 길고 납작한 모양이에요.

ㄱ → ㄱ   ㄷ → ㄷ   ㄹ → ㄹ

2. 받침의 위치

받침을 쓸 때는 살짝 들여쓰기 하듯이 안쪽으로 넣어 써주세요.

받침이 글자 전체의 너비보다 넓으면 부자연스러울 수 있어요.

연습하기

같 같 같

양 양 양

턴 턴 턴

펼 펼 펼

싶 싶 싶

뱁 뱁 뱁

걘 걘 걘

첵 첵 첵

옛 옛 옛

한글 글자 쓰기 ② 받침 있는 글자(2)

이번에는 가로형 모음과 받침이 함께하는 글자들을 연습해 봅시다. 모음의 형태에 따라 받침 있는 글자를 쓰는 방식이 조금씩 달라지긴 하지만, 어렵지 않으니 금세 쉽게 쓸 수 있을 거예요.

TIP 홑받침 –가로형 모음을 쓰는 글자

1. 받침의 모양

가로형 모음을 쓰는 받침 있는 글자는 초성과 종성 모두 가로로 길쭉하게 써주세요.

초성, 중성, 종성의 너비를 비슷하게 맞춰주되, 가로형 모음은 아주 약간 더 길게 써주세요.

연습하기

돋 돋 돋

농 농 농

몸 몸 몸

률 률 률

즉 즉 즉

자유롭게 연습하기

한글 글자 쓰기 ② 받침 있는 글자(3)

홑받침 연습의 마지막 단계예요! 복잡한 형태의 모음에 받침까지 더해지니 다른 글자보다 조금 더 어렵게 느껴질 수도 있어요. 하지만 이 부분만 잘 따라오면 여러분은 홑받침 있는 글자 쓰기 마스터! 이번에도 차근차근 함께 써봐요!

TIP 홑받침 – 복잡한 형태의 모음을 쓰는 글자

1. 받침의 위치

받침은 글자 안쪽으로 살짝 들여쓰듯 써주세요.

(연습하기)

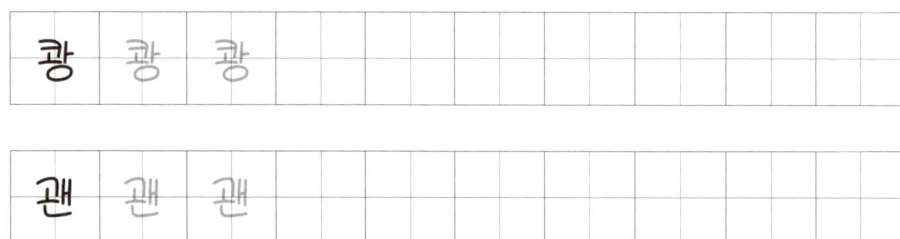

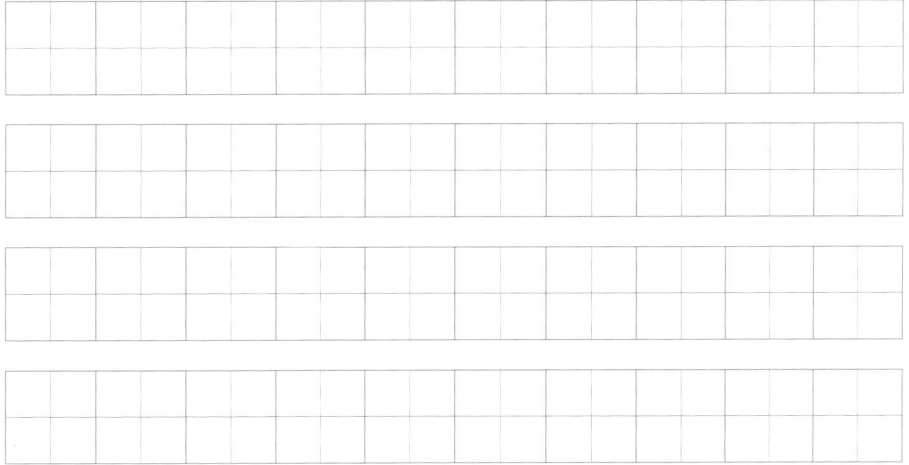

한글 글자 쓰기 ② 받침 있는 글자(4)

지금까지 홑받침 연습을 모두 마쳤어요! 이제부터는 겹받침이 들어간 글자 쓰기를 연습해 볼 차례예요. 글자 아래에 자음이 두 개나 들어가다니…! 처음엔 조금 낯설고 복잡하게 보일 수 있지만 걱정하지 마세요! 직접 써보면 생각보다 훨씬 쉽게 익힐 수 있을 거예요.

TIP 겹받침

1. 받침의 모양

겹받침의 자음을 따로 놓고 봤을 때, 자음 하나하나를 가로로 길쭉하게 쓰지 않도록 주의해 주세요.

2. 받침의 비율

겹받침을 구성하는 자음 간의 비율은 1:1로 맞춰주세요.

잘못된 (예시) 겹받침의 두 자음은 크기나 높이를 비슷하게 맞춰 써주세요.

(연습하기) 겹받침+세로형 모음

깎

겼

넋

앉

짧

떫

핥

싫

없

(연습하기) 겹받침 + 가로형 모음

흙

튫

곬

읊

(자유롭게 연습하기)

Part 3.
영어 알파벳 쓰기

영어 알파벳 쓰기 ① 소문자

앞서 한글 글자 쓰기를 연습해 봤는데, 지금부터는 영어 알파벳 쓰기를 함께 해보려고 해요! 한글은 자음과 모음을 조합해서 하나의 글자를 만들었다면, 영어는 알파벳을 이어 써서 하나의 단어를 만들어요. 한글에 비해 곡선이 많은 알파벳을 따라 쓰다 보면 한글과는 또 다른 재미를 느낄 수 있을 거예요!

TIP

1. 대문자와 소문자의 높이

대문자는 말 그대로 크고 당당하게! 소문자는 작고 아담하게 써주세요. 소문자의 높이를 대문자의 절반 정도로 맞춰주면 글씨가 훨씬 안정돼 보인답니다. 소문자의 높이가 대문자와 비슷하거나 더 높아지면 어색해 보일 수 있어요.

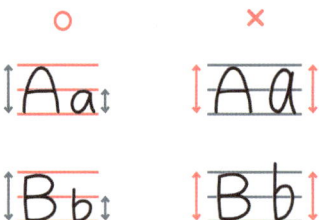

2. 대문자와 소문자의 너비

너비도 마찬가지! 대문자가 소문자보다 조금 더 넓은 게 자연스러워요. 소문자의 폭이 대문자보다 넓거나 비슷하면 글자가 답답하고 무거워 보일 수 있어요.

TIP

1. 'y'와 'g'

알파벳 소문자 중에서 꼬리가 아래로 길게 내려가 있는 글자들이에요. 이 글자들은 꼬리를 얼마나 꺾느냐에 따라 모양이 달라져요.
저는 개인적으로 꼬리를 크게 돌려 쓰는 편인데요. 조금만 꺾어도 예쁘고, 크게 뼁~ 돌려도 귀엽답니다!

2. 'v'와 'u'

'v'를 너무 둥글게 쓰면 'u'와 비슷해질 수 있어요. 쉽게 헷갈릴 수 있으니, 'v'는 각을 살려서 뾰족하게 써주세요!

a 오른쪽 위로 살짝 올라간 듯한 타원에 작은 꼬리를 달아주세요.

b 첫 번째 획의 아래쪽에 동그란 반원을 그려주세요.

c 오른쪽으로 열린 반원 모양이에요. 천천히 그리는 것보다는 한 획 만에 빠르게 쓰는 게 좋아요.

d 'b'를 좌우 반전한 모양이에요. 반원을 먼저 그린 뒤 세로 획을 그려주세요.

e 'c'의 시작점이 안으로 말려 타원이 추가된 모양이에요. 역시 한 획으로 완성해 주세요.

f 크리스마스 지팡이 캔디를 닮은 글자예요. 첫 번째 획을 쓴 후에 짧은 가로 획을 그려주세요.

g 'a'에서 꼬리만 길게 빼주세요!

h 세로 획을 먼저 쓰고, 중간 지점으로 올라와 오른쪽으로 둥글게 꺾어 내려가 주세요.

i 짧은 세로 획을 쓴 후, 윗부분에 작은 점을 찍어주세요.

j 'i'와 비슷하지만 쓰는 순서는 반대예요. 점부터 찍은 뒤, 왼쪽으로 부드럽게 꺾어지는 꼬리에 집중해 주세요.

k 세로 획을 먼저 쓰고, 오른쪽 위로 향하는 대각선, 오른쪽 아래로 향하는 대각선을 차례로 그려주세요.

l 긴 세로 획 하나만 쓰면 완성이에요! 소문자 중에서 가장 간단한 글자랍니다.

m 짧은 세로 획을 먼저 써주고 폭이 좁은 아치 모양 두 개를 나란히 이어서 그려주세요.

n 짧은 세로 획을 먼저 써주고 바로 옆에 폭이 좁은 아치 모양 하나를 그려주세요.

o 완전히 둥근 원 모양이에요. 한글 자음 중에서 'ㅇ'과 아주 많이 닮아 있어요.

o o o

p 긴 세로 획을 쓰고 오른쪽 위에 작은 반원을 그려주세요.

p p p

q 'p'를 좌우 반전한 모양이에요. 긴 세로 획을 쓰고, 왼쪽 위에 작은 반원을 그려주세요.

q q q

r 짧은 세로 획을 먼저 쓰고 오른쪽 위를 향하는 짧은 곡선을 그려주세요.

r r r

s 구불구불 두 번! 작은 곡선으로 이루어진 글자예요.

s s s

t 가로 획과 세로 획이 수직으로 교차되어 있는 모양이에요.

t t t

u 상하반전된 작은 아치 모양을 그린 뒤 짧은 세로 획으로 마무리해 주세요.

u u u

v 왼쪽 위에서 오른쪽 아래로 향하는 대각선을 그리고 바로 이어서 오른쪽 위로 향하는 대각선을 그려주세요.

w 'v' 두 개가 나란히 연결된 모양이에요. 살짝 둥글게 써주면 글자가 훨씬 귀여워진답니다.

x 두 개의 대각선을 서로 교차시켜 주세요.

y 'u' 아래에 긴 꼬리가 달려 있는 모양이에요. 취향에 따라 꼬리를 조금만 굴려 쓸 수도 있고, 크게 삥~ 굴려 쓸 수도 있어요.

z 위쪽 가로 획 하나, 오른쪽 위에서 왼쪽 아래로 향하는 대각선 하나, 다시 아래쪽 가로 획 하나를 순서대로 연결해서 써주세요.

영어 알파벳 쓰기 ② 대문자

알파벳 소문자 연습을 마쳤다면, 이제 대문자도 써봐야겠죠? 대문자는 소문자보다 크기도 크고 시원시원한 매력이 있어요. 한 글자씩 또박또박 연습해 봅시다!

TIP

1. 'D'의 너비

반달 모양 글자인 'D'는 가로폭이 너무 좁아지지 않게 주의해 주세요.

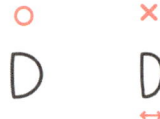

2. 'E' 가로선 길이 맞추기

'E'의 가로선 길이가 제각각이면 글자의 균형이 어긋나 보여요. 가로선의 길이를 맞춰 단정한 글자를 써주세요!

A 꼭짓점이 위로 모여 있는 모양이 마치 에펠탑을 닮은 글자예요.

B 숫자 '13'을 딱 붙여 쓴다고 생각하면 쉬워요! 둥근 곡선을 자연스럽게 이어주세요.

C 'c'에서 크기만 커진 모양이에요. 소문자보다 더 크게, 시원하게 써주세요.

D 반달 모양 글자예요. 세로 획 하나와 부드러운 곡선을 이어 써주세요.

E 길쭉한 세로 획 한 개와 짤막한 가로 획 세 개로 이루어진 글자예요. 가로 획끼리의 길이를 맞춰주면 훨씬 조화로운 글자가 완성돼요.

F 'E'에서 맨 마지막 획이 빠진 모양이에요. 쓰는 순서는 다르니 유의해 주세요.

G 'C'에다 끝에 'ㄱ'을 추가해 주세요.

H 한글 모음 중 'ㅐ'와 비슷한 모양의 글자예요. 다만 한글의 'ㅐ'보다는 조금 더 뚱뚱하게 써주는 게 좋아요.

I 길쭉한 세로 획의 위 아래를 짤막한 가로 획으로 막아주세요.

J 아래로 휘어지는 꼬리가 중요해요. 꼬리가 너무 많이 휘어지지 않도록 써주세요.

K 'k'와 비슷한 모양이지만 대각선을 좀 더 시원시원하고 쭉쭉 뻗어나가게끔 써주세요.

L 한글 자음 중 'ㄴ'과 비슷한 모양이에요. 다만 세로 획은 길쭉하게, 가로 획은 짤막하게 써주세요.

M 뾰족한 부분이 세 개나 있는 글자예요. 각에 너무 집중해서 쓰지 않아도 괜찮아요.

N 나란한 세로 획 두 개를 왼쪽 위에서 오른쪽 아래로 향하는 대각선 하나가 이어준다고 생각해 볼까요? 세 개의 선을 자연스럽게 이어주세요.

O 역시 소문자와 모양이 같은 글자예요. 대신 소문자보다 더 크고 둥글게 써주세요!

P 키가 작은 'D'에 아래로 길쭉한 꼬리가 달린 모양이에요. 세로 획을 먼저 써주고, 그 후에 부드러운 곡선을 이어주세요.

Q 'O'의 오른쪽 아래에 작은 꼬리를 달아주세요.

R 'P'에 대각선 모양의 꼬리가 달린 듯한 글자예요. 꼬리는 너무 곧게 쓰지 않아도 괜찮아요!

S 부드러운 물결 같은 모양의 글자예요. 끊기는 부분이 없도록 한 번에 부드럽게 써주세요.

T 짤막한 가로 획을 먼저 써주고, 가로 획의 가운데 부분에서부터 시작해서 긴 세로 획을 써주세요.

U 아래로 휘는 부분을 둥글고 크게 그려주세요!

Part 3. 영어 알파벳 쓰기 · 111

V 아래에서 꺾어지는 부분이 포인트인 글자예요. 너무 날카롭고 뾰족하지 않아도 되지만, 'U'와 비슷해지지 않도록 주의해 주세요!

W 'V'가 나란히 이어진 모양이에요. 아래쪽에서 꺾어지는 부분을 살-짝 둥글게 굴려주면 훨씬 귀여운 분위기가 살아난답니다.

X 두 개의 대각선을 교차시켜 주세요. 이 글자 역시 소문자와 모양이 같아서 쉽게 쓰실 수 있을 거예요.

Y 둥글게 쓴 'V' 아래에 세로 획이 이어진 모양의 글자예요. 윗 부분의 각을 둥글게 써주면 귀여운 분위기의 글자가 완성돼요.

Z 위아래로 평행한 두 개의 가로 획과 그 사이를 이어주는 대각선으로 이루어진 글자예요. 세 개의 선이 자연스럽게 이어지도록 써주세요.

자유롭게 연습하기

Part 4.
숫자 쓰기

숫자 쓰기 숫자

한글이나 영어 알파벳뿐만 아니라 숫자도 내 글씨의 일부예요. 함께 연습해야 글씨체가 더 정돈돼 보인답니다! 숫자는 획수도 적고 모양도 단순하기 때문에 금세 손에 익을 거예요. 이번에도 차근차근 연습해 봅시다.

TIP

1. 숫자의 비율

숫자는 가로보다 세로가 더 긴 형태로 써주세요. 세로로 긴 직사각형 안에 숫자를 넣는다고 생각하면서 쓰면 모양이 훨씬 안정돼 보여요.

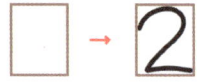

2. 숫자의 밑줄과 높이

숫자들끼리도 밑줄과 높이를 맞춰주면 훨씬 보기 좋다는 사실! 밑줄과 높이를 맞춰주면 글자가 예뻐 보이는 건 물론, 한층 더 정돈되어 보인답니다.

46 531

2025

3. 숫자 4를 쓰는 두 가지 방법

① 세로선 → 가로선 → 세로선의 순으로 쓰기

② 대각선 → 가로선 → 세로선의 순으로 쓰기

4. 숫자 7을 쓰는 두 가지 방법

① 1획으로 완성하는 7   ② 2획으로 완성하는 7

5. 숫자 8을 쓰는 두 가지 방법

① 1획으로 완성하는 8   ② 2획으로 완성하는 8

6. 숫자 9를 쓰는 두 가지 방법

① 동글동글 9   ② 또박또박 9

1 길쭉한 세로선을 써주세요.

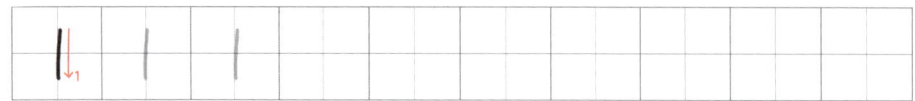

2 부드러운 곡선으로 시작했다가 반듯한 가로선으로 마무리해 주세요. 가로선이 위로 올라가거나 아래로 내려가지 않도록 주의해 주세요.

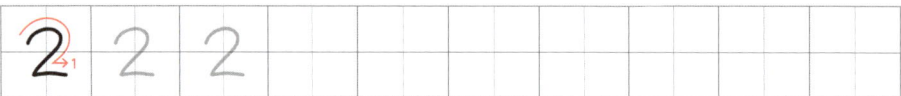

3 위아래로 이어진 두 개의 곡선을 한 번에 그린다는 느낌으로 써주세요.

4 'ㄴ'과 'ㅣ'가 합쳐진 듯한 모양이에요. 첫 번째 획을 쓸 때는 각지게 또박또박 써주세요.

5 짧은 세로선으로 시작하는 크고 둥근 곡선을 그리고, 그 위로 가로선을 얹어 마무리해 주세요. 곡선 부분이 너무 작거나 폭이 좁으면 어색할 수 있어요.

6 둥글게 말리는 부분을 시원시원하고 큼직하게 써주세요.

7 꺾어지는 부분을 각지게 또박또박 써주세요.

8 귀여운 눈사람을 그린다고 생각해 볼까요? 아래의 원을 위의 원보다 살짝 크게 써주세요.

9 크게 굴려 쓴 곡선을 시작으로 꼬리까지 부드럽게 이어주세요.

0 세로로 긴 타원형 모양이에요. 가로보다 세로가 긴 비율에 맞춰 써주세요.

> 연습하기

Part 5.
문장 부호와 특수 문자 쓰기

문장 부호와 특수 문자 쓰기 ① 문장 부호

지금까지 한글, 영어 알파벳, 그리고 숫자 쓰는 법을 익혔다면 이제는 더 깊이 들어가서 문장 부호와 특수 문자에 집중해 보려고 해요. 문장 부호나 특수 문자까지 예쁘게 써주면 글의 마지막까지 정성이 느껴지거든요. 사소해 보이지만 이런 작은 부분에서도 글씨에 담긴 내 마음이 자연스럽게 전해질 수 있어요. 그럼, 문장 부호부터 천천히 함께 연습해 볼까요?

문장 부호란?
문장 부호는 글에서 나의 의도나 하고 싶은 말을 더 섬세하게 표현하기 위해 쓰는 작은 부호예요. 예를 들어 마침표(.), 쉼표(,), 느낌표(!) 같은 것들이 있어요.

TIP

1. 쉼표를 쓰는 두 가지 방법

① 대각선 스타일의 쉼표

② 동글동글한 스타일의 쉼표

2. 중괄호를 쓰는 두 가지 방법

① 직선으로 마무리

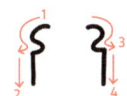

② 둥글게 마무리

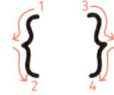

3. 작은따옴표를 쓰는 두 가지 방법

① 대각선 스타일의 작은따옴표

② 동글동글한 스타일의 작은따옴표

4. 큰따옴표를 쓰는 두 가지 방법

① 대각선 스타일의 큰따옴표

② 동글동글한 스타일의 큰따옴표

. 마침표: 작은 점을 찍어주면 끝! 깨알만 한 크기로 마지막 글자 다음 아래쪽에 써주세요.

, 쉼표: 오른쪽에서 시작해서 왼쪽 아래로 내려가는 아주 짧은 대각선을 그리듯이 써주세요.

? 물음표: 살짝 올라갔다가 내려오는 곡선을 그려주고 아래에 작은 점을 찍어주세요.

! 느낌표: 알파벳 소문자 'i'가 뒤집힌 듯한 모양이에요. 살짝 오른쪽으로 기울여서 써주면 귀여운 느낌을 낼 수 있어요.

( ) 소괄호: 내가 쓰고자 하는 글씨의 높이와 비슷한 높이로 둥근 곡선을 크게 양쪽으로 그려주세요.

{ } 중괄호: 위쪽에 작은 's'를 그리고 나서 바로 세로선을 이어 그려주세요. 반대쪽은 반전해서 그려주세요.

[ ] 대괄호: 세로로 길~쭉한 'ㄷ' 모양이에요. 가로선은 짧게, 세로선은 길게 그려주세요.

~ 물결표: 굴곡이 너무 크지 않게 한 번에 부드러운 곡선을 그려주세요.

' ' 작은따옴표: 쉼표가 글자 위쪽으로 올라간 듯한 모양이에요. 한 번에 깔끔하게 써주세요.

" " 큰따옴표: 작은따옴표 두 개를 가까이 이어 쓴 것과 같은 모양이에요. 양쪽의 크기를 맞춰서 나란히 써주세요.

: 콜론: 작은 점 두 개를 위아래로 나란히 찍어주세요.

; 세미콜론: 위쪽에는 작은 점을, 아래쪽에는 오른쪽에서 왼쪽으로 내려가는 작은 대각선을 위아래로 나란히 써주세요.

문장 부호와 특수 문자 쓰기 ② 특수 문자

문장 부호에 이어 지금은 특수 문자 쓰는 법을 배워볼 차례예요. 특수 문자는 곡선이 많고 모양이 복잡한 것들도 있어서 바르게 쓰기 어렵다고 생각할 수도 있어요. 하지만 특수 문자는 글자처럼 '쓴다'고 하기보다는 하나하나 '그린다'는 마음으로 바라보면 훨씬 자연스럽고 예쁘게 표현할 수 있답니다.

특수 문자란?

특수 문자는 글자나 숫자와는 달리 정해진 의미나 기능을 담고 있는 기호들이에요. 예를 들어 @(앳), &(앰퍼샌드), %(퍼센트) 등이 있어요.

TIP

1. '@'을 쓰는 두 가지 방법

   ① 소문자 'a'를 쓴 뒤 그대로 이어서 'a'를 감싸는 큰 원 그리기

   ② 소문자 'a'를 쓰고 나서 바깥쪽에 큰 동그라미 그리기

2. '*'를 쓰는 두 가지 방법

① 선 세 개를 교차시켜 그리기

② 짧은 선 5개가 가운데의 중심점을 기준으로 모인 것처럼 그리기

@ 앳(골뱅이): 알파벳 소문자 'a'를 먼저 써준 후에 선을 끊지 않고 그대로 이어서 'a'를 감싸는 원을 크게 그려주세요.

& 앰퍼샌드: 알파벳 's'와 비슷한 모양이에요. 오른쪽 아래에서 시작해, 오른쪽 위에서 마무리해 주세요.

\# 샤프(해시/우물 정 자): 교차하는 짧은 선 네 개로 이뤄진 특수 문자예요. 세로 획은 살짝 오른쪽으로 기울여서 써주세요.

* 애스터리스크(별표): 가로 획을 그린 후에 대각선 두 개를 가로 획의 가운데에서 교차시켜 주세요.

+ 더하기: 짧은 선 두 개가 서로 직각으로 만나도록 그려주세요.

= 등호: 두 선이 평행하도록 써주세요. 두 선의 간격이 너무 좁거나 멀지 않게 조절해 주세요.

% 퍼센트: 가운데 대각선을 중심으로 하나의 작은 동그라미는 왼쪽 위에, 또 다른 작은 동그라미는 오른쪽 아래에 위치시켜 주세요.

₩ 원화 기호: 알파벳 대문자 'W' 가운데 부분에 가로로 선 두 개를 나란히 그려주세요. 두 선의 간격은 살짝 좁게 그려주는 게 좋아요.

$ 달러 기호: 알파벳 대문자 'S' 가운데에 세로로 긴 선을 그려주세요.

※ 참고표: 크게 'X'를 그려주고 선과 선 사이 4개의 빈 공간에 작은 점들을 하나씩 찍어주세요.

^ 삿갓표: 작고 뾰족한 뿔을 그리듯이 오른쪽 위를 향해 대각선을 그린 후 오른쪽 아래를 향해 대각선을 그려 마무리해 주세요.

〈〉 홑화살괄호: 왼쪽 아래로 향하는 대각선을 그린 후, 바로 이어서 오른쪽 아래로 향하는 대각선을 그려주세요. 반대쪽은 반전해서 그리면 됩니다.

《》 겹화살괄호: 홑화살괄호 두 개를 나란히 이어 써주세요. 홑화살괄호보다 각을 크게 그려야 괄호 두 개를 겹쳐 쓸 때 수월해요.

「」 홑낫표: 각각 좌우 반전된 'ㄱ'과 'ㄴ' 모양이 양쪽으로 위치해 있어요. 각 모양들을 위아래로 살짝 길쭉하게 써주는 게 중요해요.

『』 겹낫표: 홑낫표를 두 번씩 쓴 후, 나란히 이어 쓴 모양에서 각각 뚫린 부분을 짧은 선으로 막아주면 완성이에요.

Part 5. 문장 부호와 특수 문자 쓰기 · 129

Part 6.
단어 쓰기

단어 쓰기 ① 한글 단어

드디어 단어를 써볼 차례예요! 단어 쓰기를 연습하다 보면 글자들이 모여 하나의 단어를 이룰 때의 즐거움을 느낄 수 있어요. 이제부터는 받침 유무의 구분 없이, 짧은 단어부터 시작해서 긴 단어까지 차근차근 연습해 봅시다!

두세 글자

과자 과자

메일 메일

셀카 셀카

싫다　싫다

아침　아침

오늘　오늘

점심　점심

저녁　저녁

좋다　좋다

출근 출근

커피 커피

강아지 강아지

고양이 고양이

눈사람 눈사람

붕어빵 붕어빵

삼겹살 삼겹살

초콜릿 초콜릿

충전기 충전기

코끼리 코끼리

핸드폰 핸드폰

네다섯 글자

다이어리

룰루랄라

뭉게구름

반짝반짝

비밀번호　비밀번호

알록달록　알록달록

우당탕탕　우당탕탕

크레파스　크레파스

고맙습니다   고맙습니다

바닐라라테   바닐라라테

버스정류장   버스정류장

아메리카노   아메리카노

아이스크림　아이스크림

안녕하세요　안녕하세요

크리스마스　크리스마스

자유롭게 연습하기

여섯 글자 이상

산타할아버지

알리오올리오

오르락내리락

코타키나발루

패러글라이딩   패러글라이딩

아이스카페모카   아이스카페모카

제주특별자치도   제주특별자치도

젠트리피케이션   젠트리피케이션

티라노사우루스   티라노사우루스

디카페인아메리카노   디카페인아메리카노

(자유롭게 연습하기)

단어 쓰기 ② 영어 단어

이제 앞서 연습한 알파벳을 떠올리며 영어 단어를 써봅시다! 영어 단어는 한글 단어보다 곡선과 굴곡이 많아서 더 어렵게 느껴질 수 있지만, 하나씩 쓰다 보면 금세 손에 익어서 자연스럽게 깔끔한 글씨를 쓸 수 있을 거예요.

서너 글자

box   box

cat   cat

dog   dog

sun sun

book book

hand hand

love love

milk milk

tree tree

다섯~일곱 글자

diary diary

happy happy

smile smile

movie movie

music music

cookie cookie

flower   flower

friend   friend

guitar   guitar

orange   orange

freedom freedom

journey journey

picture picture

rainbow rainbow

victory   victory

여덟 글자 이상

computer   computer

elephant   elephant

hospital hospital

question question

umbrella umbrella

chocolate chocolate

education education

important important

technology technology

congratulations congratulations

영어로 요일 쓰기

Monday Monday

Tuesday Tuesday

Wednesday Wednesday

Thursday Thursday

Friday Friday

Saturday Saturday

Sunday Sunday

자유롭게 연습하기

단어 쓰기 ③ 한글·영어 알파벳·숫자 조합

일상을 보내다 보면 숫자와 한글, 영어 알파벳과 한글, 또는 숫자와 영어 알파벳이 함께 섞여 있는 말들을 자주 볼 수 있어요. 이번에는 이런 다양한 조합을 연습해 보는 시간입니다.

숫자와 한글

9회말 2아웃

8시 30분

6번 출구   6번 출구

영어 알파벳과 한글

MZ세대   MZ세대

AI번역기　AI번역기

OTT플랫폼　OTT플랫폼

숫자와 영어 알파벳

5G　5G

Y2K Y2K

B612 B612

4:39PM 4:39PM

자유롭게 연습하기

Part 7.
문장 쓰기

문장 쓰기 ① 한글 짧은 문장

글자가 모여 단어가 되고, 단어가 모여 문장이 돼요. 앞서 글자부터 단어까지 연습해 온 것을 바탕으로 이제부터 문장 쓰기 연습을 해봅시다! 문장은 글자나 단어보다 글자 수가 많고 옆으로 길게 써 나가야 하기 때문에 글씨가 흐트러지기 쉬워요. 하지만 짧은 문장부터 차근차근 연습하다 보면 어느새 **현진체**가 내 글씨처럼 익숙해질 거예요! 같이 연습해 볼까요?

이건 사야 해!

이건 사야 해!

꽃 피는 봄이야❀

꽃 피는 봄이야❀

날씨 너무 좋다!

날씨 너무 좋다!

좋은 아침이에요.

좋은 아침이에요.

당 충전은 필수야.

당 충전은 필수야.

내일 어디서 만날까?

내일 어디서 만날까?

계속 웃음만 나왔다 😄

계속 웃음만 나왔다 😄

오늘 하루도 수고했어.

오늘 하루도 수고했어.

붕어빵의 계절이 온다!

붕어빵의 계절이 온다!

점심 메뉴 추천 받습니다.

점심 메뉴 추천 받습니다.

하얀 옷 입은 까만 강아지

하얀 옷 입은 까만 강아지

요즘 내가 꽂힌 음식, 카레!

요즘 내가 꽂힌 음식, 카레!

우체국 갈 때마다 비가 온다☁

우체국 갈 때마다 비가 온다☁

동글동글해서 귀여운 도토리

동글동글해서 귀여운 도토리

우산 놓고 나오셨나요? "넵."

우산 놓고 나오셨나요? "넵."

밤마다 들리는 귀뚜라미 소리

밤마다 들리는 귀뚜라미 소리

주말까지 3일이나 남았다니...

주말까지 3일이나 남았다니...

새로 개봉한 영화 보러 가는 날

새로 개봉한 영화 보러 가는 날

다이어리에 무슨 말을 써야 할까?

다이어리에 무슨 말을 써야 할까?

하루아침에 여름 날씨가 되어버렸다.

하루아침에 여름 날씨가 되어버렸다.

(자유롭게 연습하기)

문장 쓰기 ② 한글 긴 문장

예쁘고 단정한 손글씨를 쓰기 위해 열심히 연습했더라도 긴 문장을 쓸 때 어려움을 느끼고 포기하는 분들이 많아요. 짧은 단어나 문장을 쓸 때와는 달리 오랜 시간 동안 글씨의 모양과 전체적인 조화를 신경써야 하기 때문이죠. 하지만 지금까지 저와 함께 **현진체**를 꾸준히 연습해 온 여러분이라면 충분히 할 수 있어요. 마음에 여유를 갖고, 이번에는 긴 문장 쓰기로 **현진체** 마스터에 도전해 봐요!

이불을 덮으면 덥고, 안 덮으면 추울 땐 어떻게 해야 하지?

이불을 덮으면 덥고, 안 덮으면 추울 땐 어떻게 해야 하지?

길 한복판에서 비둘기떼를 만났는데
어떻게 해야 할지 몰라서 우왕좌왕했다.

길 한복판에서 비둘기떼를 만났는데
어떻게 해야 할지 몰라서 우왕좌왕했다.

생각해 보니까 오늘 산 신발 사이즈를
한 치수 작은 걸로 교환하는 게 낫겠어.

생각해 보니까 오늘 산 신발 사이즈를
한 치수 작은 걸로 교환하는 게 낫겠어.

헬스장에 슬리퍼 신고 갔다가 도착해서야
깨달은 그 사람이 바로 나예요...

헬스장에 슬리퍼 신고 갔다가 도착해서야
깨달은 그 사람이 바로 나예요...

밖에서 화장실 급할 때 특징
: 이럴 때만 줄이 엄청나게 길다...

밖에서 화장실 급할 때 특징
: 이럴 때만 줄이 엄청나게 길다...

'컨디션 난조'라 쓰고 '뒹굴뒹굴'이라 읽는
오늘 나의 상태

'컨디션 난조'라 쓰고 '뒹굴뒹굴'이라 읽는
오늘 나의 상태

가끔 정말 뭘 했는지 하나도 생각 안 나는 날이 있는데 그게 바로 오늘이야.

가끔 정말 뭘 했는지 하나도 생각 안 나는 날이 있는데 그게 바로 오늘이야.

점심 먹고 카페에 갔는데 옆자리 커플이
큰소리로 싸우고 있었다 (ㆆ_ㆆ)϶

점심 먹고 카페에 갔는데 옆자리 커플이
큰소리로 싸우고 있었다 (ㆆ_ㆆ)϶

옷장을 열 때마다 입을 옷이 없다고
느껴지는 건 정말 이상한 일이야! 너도 그래?

옷장을 열 때마다 입을 옷이 없다고
느껴지는 건 정말 이상한 일이야! 너도 그래?

덕구야, 어제는 내가 화내서 미안했어☹
오늘 학교 끝나고 같이 떡볶이 먹지 않을래...?

몇 달을 찾아도 없어서 잃어버린 줄
알았던 이어폰을 방 안에서 발견,
몰려오는 허무함

몇 달을 찾아도 없어서 잃어버린 줄
알았던 이어폰을 방 안에서 발견,
몰려오는 허무함

옛날 노래 플레이리스트를 틀어놓고
할 일을 하다 보면 왠지 모르게
힐링 되는 듯한 기분이 들어♡

옛날 노래 플레이리스트를 틀어놓고
할 일을 하다 보면 왠지 모르게
힐링 되는 듯한 기분이 들어♡

아, 나 정말로 분홍색 안 좋아해.
(분홍색 휴대폰 케이스를 쓰고 분홍색
 이불을 덮으며)

아, 나 정말로 분홍색 안 좋아해.
(분홍색 휴대폰 케이스를 쓰고 분홍색
 이불을 덮으며)

우연히 알게 된 배우의 필모그래피를
찾아보다가 본 영화인데 앞으로 36번 정도
다시 봐야 할 것 같다.

우연히 알게 된 배우의 필모그래피를
찾아보다가 본 영화인데 앞으로 36번 정도
다시 봐야 할 것 같다.

봄이 온 줄 알았는데 꽃샘추위가 남았다.
누가 이런 못된 날씨에게 '꽃샘'이라는
예쁜 이름을 붙여주었을까?

봄이 온 줄 알았는데 꽃샘추위가 남았다.
누가 이런 못된 날씨에게 '꽃샘'이라는
예쁜 이름을 붙여주었을까?

자유롭게 연습하기

문장 쓰기 ③ 영어 짧은 문장

영어 알파벳은 한글과 달리 받침이 없어서 문장을 써 나가는 것이 비교적 수월해 보이지만, 알파벳 특유의 곡선과 모양으로 인해 단어들 간의 조화와 일관성을 맞추기 까다로운 면도 있어요. 짧은 문장부터 천천히 따라 쓰면서 영어 문장 쓰기에 조금씩 익숙해져 봅시다.

Merry Christmas!
메리 크리스마스!

Merry Christmas!

Happy Birthday, Tom 🎉
생일 축하해, 톰.

Happy Birthday, Tom 🎉

I feel much better now.
기분이 훨씬 좋아졌어요.

I feel much better now.

It's gonna be alright♡
다 잘될 거예요.

It's gonna be alright♡

I forgot my umbrella this morning.
아침에 우산을 깜빡했어.

I forgot my umbrella this morning.

Do you want a slice of apple pie?
사과파이 한 조각 줄까?

Do you want a slice of apple pie?

Did you remember to lock the door?
문 잠갔는지 기억해?

Did you remember to lock the door?

How was your day at school?
오늘 학교에서 어땠어?

How was your day at school?

Let's meet at Exit 3 of Seoul Station.
서울역 3번 출구에서 만나자.

Let's meet at Exit 3 of Seoul Station.

I bought a new diary for the new year.
새해에 쓸 새로운 다이어리를 샀어.
I bought a new diary for the new year.

The sun is shining brightly today.☀
오늘은 해가 쨍쨍해!
The sun is shining brightly today.☀

Was the history test on Monday?

역사 시험이 월요일이었어?

Was the history test on Monday?

자유롭게 연습하기

문장 쓰기 ④ 영어 긴 문장

드디어 손글씨 연습의 마지막 파트예요! 영어 짧은 문장 쓰기를 열심히 연습했다면 긴 문장도 어렵지 않게 쓸 수 있을 거예요. 한글에 이어 영어 손글씨까지 마스터해 가는 여러분! 정말 멋진데요? 마지막까지 손끝에 집중하면서 긴 문장 쓰기도 연습해 봅시다!

I'll be there in 15 minutes to pick up the chocolate cake.

15분 안에 초콜릿 케이크를 가지러 갈게요.

I'll be there in 15 minutes to pick up the chocolate cake.

Blueberry jam on toast and a glass of milk, right?

블루베리 잼 토스트랑 우유 한 잔, 맞지?

Blueberry jam on toast and a glass of milk, right?

I should probably start planning my vacation soon.

이제 슬슬 휴가 계획을 세워야 해.

I should probably start planning my vacation soon.

I switched my music streaming app yesterday and I'm really happy with it.

어제 음악 스트리밍 앱을 바꿨는데, 정말 마음에 들어.

I switched my music streaming app yesterday and I'm really happy with it.

I went to the bookstore for a book
I wanted, but it was out of stock,
so I was really disappointed.

서점에 갔는데, 사고 싶었던 책이 품절돼 있어서 정말 실망했어.

I went to the bookstore for a book
I wanted, but it was out of stock,
so I was really disappointed.

Hurry! We have to cross the street
quickly to catch the bus!

서둘러! 버스를 타려면 빨리 건너가야 해!

Hurry! We have to cross the street quickly to catch the bus!

Don't forget to return the book to Anna by Wednesday.

수요일까지 안나에게 꼭 책을 돌려줘.

Don't forget to return the book to Anna by Wednesday.

자유롭게 연습하기

Part 8.
이모티콘

이모티콘 ① 표정 그리기

손글씨 옆에 작고 귀여운 이모티콘 하나만 그려도 글이 확 살아난다는 사실, 알고 계셨나요? 다이어리나 편지처럼 손글씨로 쓴 글 옆에 작은 이모티콘을 살짝 곁들이면, 보는 사람의 마음까지 몽글몽글해진답니다. 쉽게 따라할 수 있는 데다, 귀여움은 덤이에요! 여러가지 표정을 그리는 법부터 시작해 볼까요?

이모티콘으로 감정 표현하기

'지하철에서 바로 자리가 나서 기뻤다', '친구랑 싸워서 속상했다', '비둘기가 날아와서 놀랐다'처럼 감정을 담은 글에는 다양한 표정 이모티콘을 사용할 수 있어요. 간단히 그린 눈과 입만으로도 충분히 표현할 수 있답니다.

기쁨

웃고 있는 눈과 올라간 입꼬리를 그려주면 기쁜 감정을 표현할 수 있어요.

화남

올라간 눈꼬리와 눈썹만으로도 화난 표정을 나타낼 수 있어요.

눈)

입)

슬픔

'화남'과는 반대로 눈썹과 눈꼬리를 내려주고 입꼬리까지 내려주면 슬픈 표정 완성이에요.

눈)

입)

사랑

발그레한 볼과 하트 그림! 말만 들어도 사랑스러운 조합이죠? 이 조합이라면 누구나 사랑스러움이 묻어나는 이모티콘을 그릴 수 있어요.

눈)

입)

놀람

동그랗게 커진 눈과 크게 벌어진 입이 놀란 표정을 나타내는 포인트예요!

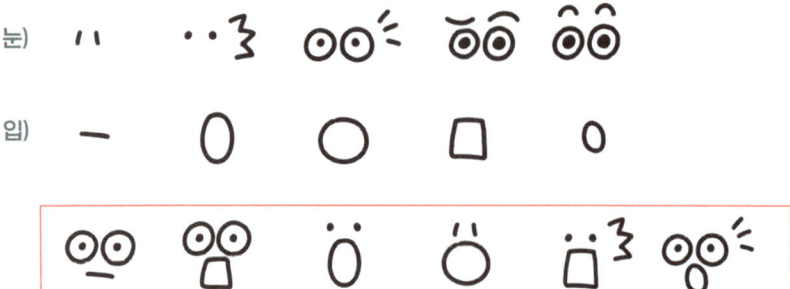

이모티콘 표현 방법

감정을 담은 표정을 그렸다면, 이제 그 표정을 어떻게 담아낼지 정할 차례예요. 어렵지 않아요. 마음에 드는 방법을 골라서 따라 그려보세요!

괄호 안에 넣기

제일 간단한 방법이에요. 괄호 안에 표정을 쏙 넣으면 끝! 줄글 옆에 그리기 좋아요.

도형 안에 넣기

동그라미, 네모, 하트, 별 등 도형 안에 표정을 넣으면 귀여움이 두 배! 이모티콘만의 귀여운 느낌도 더 살아난답니다.

활용하기 – 나만의 이모티콘 만들기

앞서 살펴본 내용을 바탕으로 직접 나만의 이모티콘을 그려볼 차례예요. 먼저, 표현하고 싶은 감정을 떠올리고 그 감정에 어울리는 눈과 입 모양부터 어떤 모양에 담을지까지 골라보세요! 어떤 이모티콘이 완성될지 기대되는데요?

'기쁨' 이모티콘 만들기

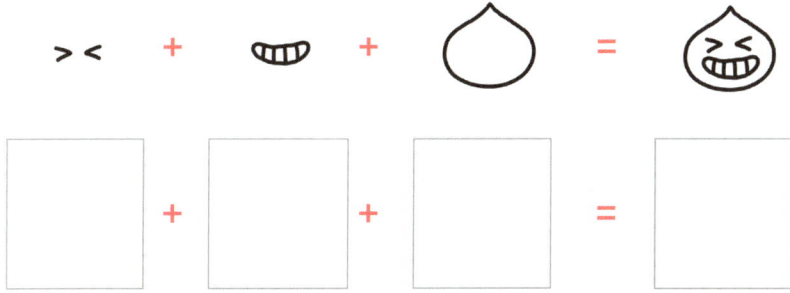

이모티콘 ② 간단한 동물 그리기

정성스럽게 쓴 손글씨 옆에 작은 동물 그림이 함께 그려져 있다면 어떨까요? 또박또박 적은 손글씨만으로도 충분히 예쁘지만, 귀여운 동물 그림이 함께한다면 더 눈길이 가고 분위기도 훨씬 사랑스러워질 거예요. 이번에는 손글씨 옆에 곁들이기 좋은 동물 친구들을 함께 그려볼 거예요. 간단한 그림들이니까, 편하게 따라 그려봅시다!

TIP

1. 글씨 옆에 작게 동물 그림을 그릴 때는 얼굴 길이를 짧게 잡아야 그리기 더 편해요.

짧은 얼굴　　　**긴 얼굴**

2. 글씨 옆에 동물의 몸 전체를 그리면 모든 요소가 작아져서 표현하기 어려워요. 동물의 얼굴만 간단하게 그리는 게 더 효과적이랍니다!

얼굴만 그리기　강아지는 멍멍

몸 전체 그리기　강아지는 멍멍

동물 얼굴 그리기

귀여운 동물들의 얼굴을 간단히 그려볼 거예요!

강아지

① 강아지의 축 처진 귀를 그려주세요.
② 짧은 선 두 개로 강아지의 눈을 그려주세요.
③ 눈 아래에 동그란 코를 그려주세요.
④ 'W'를 동글동글하고 넓게 쓴 듯한 모양으로 입을 그려 강아지 그림을 완성해 주세요.

고양이

① 고양이의 뾰족한 귀를 그려주세요.
② 짧은 선 두 개로 고양이의 눈을 그려주세요.
③ 고양이의 작은 코를 그려주세요.
④ 'w'를 동그랗게 쓴 듯한 모양으로 입과 수염을 그려 고양이를 완성해 주세요.

토끼

① 토끼의 길쭉한 귀 두 개를 그려주세요.
② 작은 점 두 개를 찍어 토끼의 눈을 그려주세요.
③ 눈 아래에 작은 점을 찍어서 토끼의 코를 그려주세요.
④ 'w'를 동그랗게 쓴 듯한 입을 그려 토끼를 완성해 주세요.

곰

① 곰의 동그랗고 작은 귀 두 개를 그려주세요.
② 짧은 선 두 개로 곰의 눈을 그려주세요.
③ 눈 아래에 동그란 코를 그려주세요.
④ 코 주변으로 큼직한 동그라미를 그려 곰을 완성해 주세요.

새

① 엄지 모양 같은 새의 머리를 그려주세요.
② 짧은 선 두 개로 새의 눈을 그려주세요.
③ 옆으로 누운 삼각형을 그려 새의 부리를 그려주세요.
④ 머리 정수리 부분에 작게 솟은 털을 그려 새를 완성해 주세요.

개구리

① 동그라미 안에 작은 점을 찍어 개구리의 눈을 그려주세요.
② 개구리의 두 눈을 선으로 이어주세요.
③ 개구리의 양쪽 눈 바깥쪽으로 선을 내려 그려서 개구리의 몸을 그려주세요.
④ 'W'를 동그랗고 넓게 쓰듯이 입을 그려 개구리를 완성해 주세요.

햄스터

① 햄스터의 작은 귀를 그려주세요.
② 햄스터의 특징인 빵빵한 볼 주머니를 그려주세요.
③ 짧은 선 두 개로 햄스터의 눈을 그려주세요.
④ 가로로 짧은 선을 그어 코를 표현하고, 바로 아래에 'w'를 동글동글하게 쓴 듯한 입을 그려 햄스터를 완성해 주세요.

동물 표정 그리기

눈이나 입을 조금만 바꿔줘도 동물들의 기분이 확 달라 보인답니다! 눈을 변형하기 어려운 동물은 눈썹이나 입에 변화를, 입을 변형하기 어려운 동물은 눈이나 눈썹에 변화를 주면 쉽게 표정을 바꿀 수 있어요.

웃는 표정

눈을 웃는 모양으로 바꾸거나 입을 'U'로 그려주면 밝은 분위기와 웃는 표정을 나타낼 수 있어요.

우는 표정

눈꼬리를 처지게 그리거나 눈물을 그려주면 슬픈 분위기와 우는 표정을 쉽게 그릴 수 있어요.

화난 표정

눈꼬리나 눈썹을 올려 그려주세요. 입꼬리도 내려 그리면 화난 표정을 효과적으로 나타낼 수 있어요.

부끄러워하는 표정

기본 동물 그림에 발그레한 볼만 추가해 주세요. 금세 부끄러워하는 동물을 완성할 수 있답니다.

멍한 표정

멍한 표정을 표현할 때는 어디를 보고 있는지 알 수 없는 눈이 포인트예요. 동그라미 안에 점을 찍어 멍한 눈을 표현해 주세요.

여러가지 상황 속 동물 그리기

간단한 동물 그림에 작은 소품만 추가해 줘도 다양한 상황을 연출할 수 있어요.

공부/일하는 중

펜을 잡고 무언가를 쓰는 듯한 모습을 그려주세요. 원래는 아래로 뚝 떨어졌던 선을 더 넓고 둥글게 그려서 팔과 손을 표현할 수 있어요.

축하

머리 위에 작은 고깔모자를 그려주세요. 주변에 작은 장식까지 더해주면 생일 축하 편지처럼 축하할 일에 잘 쓸 수 있는 이모티콘이 완성돼요.

응원

동물의 아래쪽 양옆 가장자리에 응원 술(폼폼)을 그려주세요. 응원 술을 흔드는 듯한 모양을 더해주면 훨씬 생동감 있는 응원 이모티콘을 그릴 수 있어요.

먹는 중

크~게 벌린 입 앞에 음식을 함께 그려주는 게 포인트예요. 음식을 잡고 있는 작은 손을 그려주면 귀여움이 두 배가 된답니다.

자는 중

눈을 감고 있는 동물에게 이불을 덮어주고, 옆쪽에 'Zzz' 표시를 해주면 푹 잠든 모습을 표현할 수 있어요!

비 오는 날

간단한 우산 그림 하나만으로도 비 오는 날의 분위기가 물씬 느껴져요. 우리가 직접 그린 동물이 우산을 들고 있다면 그날의 분위기는 물론, 귀여움까지 챙길 수 있겠죠?

더운 날씨

동물의 얼굴에 'u'를 그려 땀을 표현해 주세요. 얼굴 주변에 물결 표시를 더해주면 더욱 효과적으로 더위에 지친 모습을 표현할 수 있어요.

추운 날씨

추운 날씨에 덜덜 떨리는 몸을 떨리는 선으로 표현해 주세요. 딱딱 부딪히는 이빨도 함께 그려주면 추위를 타는 모습이 완성돼요!

이모티콘 ③ 간단한 사물 그리기

앞서 동물 이모티콘을 그려보았죠! 이제 간단한 사물 그리기에 도전해 볼 차례예요. 이번 주제는 단순하게 그리는 게 포인트예요. 복잡하게 묘사하지 않아도 충분히 예쁘고 귀여운 그림을 그릴 수 있답니다!

식물 그리기

새싹

① 살짝 기울어진 듯한 물방울 모양을 그려주세요.
② 1번에서 그렸던 모양을 좌우 반전해서 바로 옆에 이어서 그려주세요.
③ 아래에 짧은 선을 그려주면 새싹 그림 완성이에요.

튤립

① 뾰족뾰족한 'W'를 써주세요.
② 'W' 아래에 큼직하게 'U'를 써 꽃 모양을 표현해 주세요.
③ 그 아래에 세로선을 그어 줄기를 표현하고, 앞서 그렸던 새싹 잎을 위아래로 뒤집은 모양을 추가해 주면 튤립 그림 완성이에요.

꽃

① 작은 동그라미를 그려주세요.
② 동그라미 바깥쪽으로 길쭉한 곡선을 그려 꽃잎을 더해주세요.
③ 2번에서 그렸던 곡선들로 동그라미 주변을 빈틈없이 둘러주면 꽃 그림 완성이에요.

나무

① 짧은 선 두 개를 나란히 그려 나무 기둥을 표현해 주세요.
② 짧은 선 위쪽에 또다른 짧은 선을 3개 그려 나무 줄기를 표현해 주세요.
③ 꼭대기 부분에 동글동글한 구름 모양을 그려주면 잎이 풍성한 나무 그림 완성이에요.

잎사귀

① 짧은 선 하나를 그려주세요. 살짝 기울어져도 괜찮아요.
② 왼쪽에 부드러운 곡선을 하나 그려주세요.
③ 반대쪽에 또다른 곡선을 하나 똑같이 큼직하게 그려주면 잎사귀 그림 완성이에요.

선인장

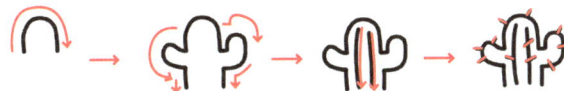

① 엄지를 닮은 동그란 곡선을 그려주세요.
② 팔처럼 생긴 선인장의 줄기를 그려주세요. 한 쪽 팔이 조금 더 꺾여 있는 게 포인트예요.
③ 선인장 안쪽에 줄을 두 개 그려주세요.
④ 군데군데 짧은 선으로 가시를 표현해 주면 선인장 그림 완성이에요.

음식 그리기

사과

① 동그라미를 하나 그려주세요. 살짝 찌그러진 모양이 포인트예요.
② 위쪽에 짧은 선으로 사과 꼭지를 그려주세요.
③ 마지막으로 사과 꼭지 옆에 작은 이파리도 그려주면 사과 그림 완성이에요.

바나나

① 길쭉한 바나나 모양을 하나 그려주세요.
② 1번에서 그렸던 바나나 양 옆에 같은 모양으로 다른 바나나도 그려주세요.
③ 위쪽에 대문자 'T'를 써주면 바나나 그림 완성이에요.

딸기

① 모서리 부분이 둥글둥글한 역삼각형을 그려주세요.
② 그 위에 왕관 모양 같은 딸기의 꼭지를 그려주세요.
③ 딸기의 씨가 될 작은 점들을 찍어주면 딸기 그림 완성이에요.

빵

① 길쭉한 타원 모양을 그려주세요.
② 한쪽에 뾰족한 삼각형을 하나 그려주세요.
③ 이어서 같은 모양을 두 개 더 그려주면 빵 그림 완성이에요.

피자

① 각이 좁은 부채꼴 모양을 하나 그려주세요.
② 아래쪽 둥근 부분을 따라 곡선을 하나 더 그려주세요.
③ 안쪽에 작은 동그라미들로 토핑을 표현해 주면 피자 그림 완성이에요.

고기

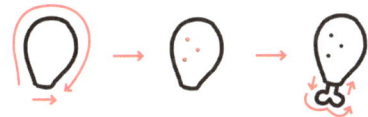

① 뒤집힌 물방울 모양을 그려주세요. 아래쪽을 살짝 평평하게 그려주는 게 좋아요.
② 안쪽에 작은 점을 3개 찍어주세요.
③ 아래쪽에 작게 뼈를 그려주면 고기 그림 완성이에요.

케이크

① 옆으로 누운 작은 부채꼴 모양을 그려주세요.
② 아래쪽에 세로선을 나란히 두 개 그려주세요.
③ 가로선 두 개를 나란히 그려서 케이크의 층을 표현해 주세요.
④ 맨 위에 촛불을 그려주면 케이크 그림 완성이에요.

그 외의 사물들 그리기

선물 상자

① 사각형 하나를 그려주세요.
② 사각형 안쪽에 세로선 두 개를 나란히 그려주세요.
③ 위에 리본을 그려주면 선물 상자 그림 완성이에요.

시계

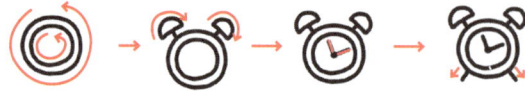

① 큰 동그라미 하나와 작은 동그라미 하나를 겹쳐서 그려주세요.
② 동그라미 양 옆 위쪽에 각각 반달 모양을 그려주고 짧은 선으로 동그라미와 이어주세요.
③ 시곗바늘을 그려주세요.
④ 짧은 대각선 두 개로 시계의 다리를 표현해 주면 시계 그림 완성이에요.

풍선

① 동그라미를 하나 그려주세요.
② 아래쪽에 작은 리본을 그려주세요.
③ 그 아래로 긴 곡선을 이어서 그려주면 풍선 그림 완성이에요.

연필

① 세로로 길쭉한 사각형을 그려주세요.
② 사각형 안쪽에 세로 선 두 개를 나란히 그려주세요.
③ 그 아래쪽에 삼각형을 이어서 그려주고 끝부분을 까맣게 칠해주면 연필 그림 완성이에요.

편지

① 가로가 긴 사각형을 그려주세요.
② 윗부분에 큼직한 대문자 'V'를 그려주세요.
③ 아래쪽에 양 옆으로 대각선을 그려주면 편지 그림 완성이에요.

음료수

① 음료수 뚜껑을 그려주세요. 중절모처럼 아래쪽이 살짝 튀어나온 반원 모양이에요.
② 사이를 띄운 아래쪽에 가로로 긴 사각형을 그려주세요.
③ 음료수 뚜껑과 2번 사이를 세로선으로 연결해 주고, 컵의 바닥도 그려주세요.
④ 길쭉한 선으로 빨대를 표현해 주면 음료수 그림 완성이에요.

머그잔

① 아래로 살짝 길쭉한 반원을 그려주세요.
② 오른쪽 옆에 조그만 곡선을 그려주세요.
③ 2번에서 그린 곡선보다 살짝 더 큰 곡선을 바깥쪽에 그려주면 머그잔 그림 완성이에요.

Part 9.
손글씨 FAQ

손글씨 FAQ

책의 프롤로그부터 이모티콘까지, 모든 과정을 거치고 이 페이지에서 다시 만나게 된 여러분, 정말 대단해요! 모든 과정은 끝났지만, 막상 실생활에서 손글씨를 쓸 때는 '내가 잘하고 있는 걸까?', '이 글씨체를 꾸준히 유지할 수 있을까?'와 같은 의문이 생길 수 있어요. 이런 고민들은 전혀 이상한 게 아니에요. 오히려 이 책을 열심히 따라와 준 분들이라면 충분히 할 수 있는 고민이랍니다.

마지막 장은 여러분이 평상시에도 자연스럽게 **현진체**를 녹여내고, 더 나아가 나만의 단정한 손글씨가 완전히 자리잡을 수 있도록 돕는 안내서 역할을 할 거예요. 연습 과정에서 느꼈던 어려움들, 그리고 그 이후에도 생길 수 있는 여러가지 고민과 의문들에 대한 힌트들을 모아 두었어요.

Q1. 하루에 얼마나 연습해야 효과가 있을까요?

하루에 너무 많은 양을 연습하려고 하면 금방 흥미를 잃고 포기하기 쉬워요. 하루 일과가 끝나고 자기 전이나 여가를 활용해서 틈틈이 10분에서 30분 정도 꾸준히 연습하는 편이 더 효과적입니다!

Q2. 글씨체가 완전히 바뀌는 데에는 시간이 얼마나 걸리나요?

글씨체도 하나의 습관이기 때문에 하루아침에, 며칠 만에 달라지긴 어렵습니다. 개인차가 크지만 빠르면 2주 안에 변화를 느끼는 분들도 있고, 한 달에서 3개월 정도

걸리는 분들도 있어요. 기간이 얼마나 걸리든 꾸준한 연습이 가장 중요합니다! 단정한 손글씨를 완전히 내 것으로 만들기 위해서는 또박또박 쓰는 연습을 하는 것도 중요하지만, 어느 정도의 물리적인 시간도 필수적인 요소예요.

Q3. 연습할 때와 다르게 평상시처럼 빨리 쓰면 다시 악필로 돌아가는 것 같아요.

정성스레 그린 그림과 대충 그린 낙서의 차이처럼, 글씨도 마찬가지예요. 저 역시 빨리 쓴 글씨는 정성껏 쓴 글씨와 다르답니다. 그럴 수밖에 없어요. 자연스러운 현상이에요! 급하게 글씨를 써야 하는 상황에서는 글자의 모양보다 단어 사이의 간격이나 밑줄, 높이를 맞추는 데에만 신경 써도 훨씬 단정해 보여요. 꾸준히 연습하다 보면 빠르게 쓴 글씨 속에서도 나만의 규칙이 생겨서 자연스럽게 예쁜 글씨를 쓸 수 있을 거예요.

Q4. 펜은 어떻게 잡아야 하나요?

사실 펜을 '이렇게 잡아야 글씨가 예뻐진다!'라는 정답은 없어요. 흔히 알려진 펜 잡는 정석이 있긴 하지만 저조차도 그 방법대로 잡지 않거든요. 내 손이 가장 편한 방법이 곧 가장 좋은 방법이에요. 이 책에 펜 잡는 법을 따로 넣지 않은 이유도 바로 이 때문이랍니다. 정석보다 중요한 건, 나에게 편하고 자연스러운 자세로 연습하는 거예요!

Q5. 책에서 알려준 모든 과정을 끝낸 후에는 어떻게 연습하는 게 좋을까요?

저에게 가장 좋은 글씨 연습은 다이어리 쓰기였어요. 매일같이 다른 문장을 쓰는데 그 양이 많지도 않아서 부담이 없었거든요. 저는 다이어리에 그림도 그려 넣기 때문에 매일매일 재밌게 글씨 연습을 하고 있답니다! :) 여러분도 글씨 연습을 위해 다이어리를 한번 써보시길 추천드려요! 글씨 연습으로는 먼슬리 다이어리처럼 짧은 글로 하루를 정리하는 일기를 쓰는 게 제격이랍니다. 물론 꼭 다이어리가 아니더라도 괜찮아요. 시집이나 소설을 필사하면서 책에서 연습한 내용을 꾸준히 적용해 보는 루틴을 만드는 것도 추천합니다.

Q6. 아무리 연습해도 글씨가 예뻐지지 않아서 포기하고 싶어요.

저도 그 마음 잘 알아요! 예전에 뜨개질로 가방을 만들 때 그랬거든요. 예쁜 가방을 만들고 싶은데 마음처럼 되지 않으니까 여러 번 풀고 다시 시작하기를 반복했어요. 그러다 좋아하는 영화를 틀어놓고 '며칠이 걸려도 괜찮다'는 마음으로 천천히 하다 보니 영화가 끝날 때쯤 어설프지만 사랑스러운 가방이 완성되어 있더라고요. 글씨 연습도 똑같아요. 조급함 대신 여유를 가지고 꾸준히 연습하다 보면 어느 순간 예뻐진 내 글씨를 발견하게 될 거예요. 포기하고 싶은 순간이 바로 예쁜 글씨가 완성되기 직전이니까요. 그 순간을 잘 버텨낸다면 예쁜 글씨는 이미 여러분의 것…!

Q7. 나만의 글씨체는 어떻게 만들어나가면 좋을까요?

앞서 '단정한 손글씨 공식'에서 배운 밑줄과 높이 맞추기, 띄어쓰기 간격만 잘 지켜 써도 충분히 보기 좋은 글씨가 될 거예요. 거기에 자신의 취향을 담아 자음, 모음의 크기나 각도를 조절해 나가면 됩니다. 자음이 크면 귀여운 느낌, 모음이 크면 성숙한 느낌의 글씨가 되는 것처럼요! 이렇게 작은 변화를 쌓다 보면 자연스레 여러분만의 글씨체가 완성될 거예요.

Q8. 태블릿에 필기할 때에도 똑같이 연습하면 될까요?

태블릿은 종이보다 표면이 미끄러워서 펜 컨트롤이 어려운 대신, 화면을 확대해서 글씨의 디테일을 관찰할 수 있다는 장점이 있어요. 처음에는 느린 속도로 연습하면서 화면을 확대하거나 줄여가며 글씨의 세부적인 부분과 전체적인 조화를 함께 확인해 보세요! 기본적인 연습 방법은 종이에 연습할 때와 같으니 이 책의 내용을 그대로 적용해도 충분합니다!

Q9. '잘 쓴 글씨'란 무엇일까요?

읽기 좋은 글씨, 즉 가독성이 좋은 글씨가 진짜 잘 쓴 글씨라고 생각해요. 읽는 중에 '이게 무슨 글자지?'라는 생각이 들지 않는 그런 글씨요. 그래서 저는 화려한 꾸밈이나 기교가 들어간 글씨보다는 단정하고 또박또박 쓴 글씨가 훨씬 더 예뻐 보여

요. 그게 제 글씨의 추구미이기도 합니다! :)

이미 여러분의 손글씨는 이전보다 훨씬 나아졌고, 한층 더 단정해지고 예뻐졌을 거예요. 그리고 그 변화의 시작은 '더 나은 손글씨를 쓰고 싶다'는 진심 어린 마음에서 비롯되었겠죠? 저는 무언가를 더 발전시키고 싶다는 마음으로 시작하는 도전이 정말 대단하다고 생각해요.

'글씨는 마음의 창'이라는 말이 있듯이, 여러분의 마음이 담긴 글씨는 결국 예뻐질 수밖에 없을 거예요. 그러니까 포기하지 말고 계속 나아가세요. 앞으로 여러분이 손글씨를 쓰는 모든 순간이 여러분의 작은 힐링 시간이 될 수 있도록 진심으로 응원할게요!

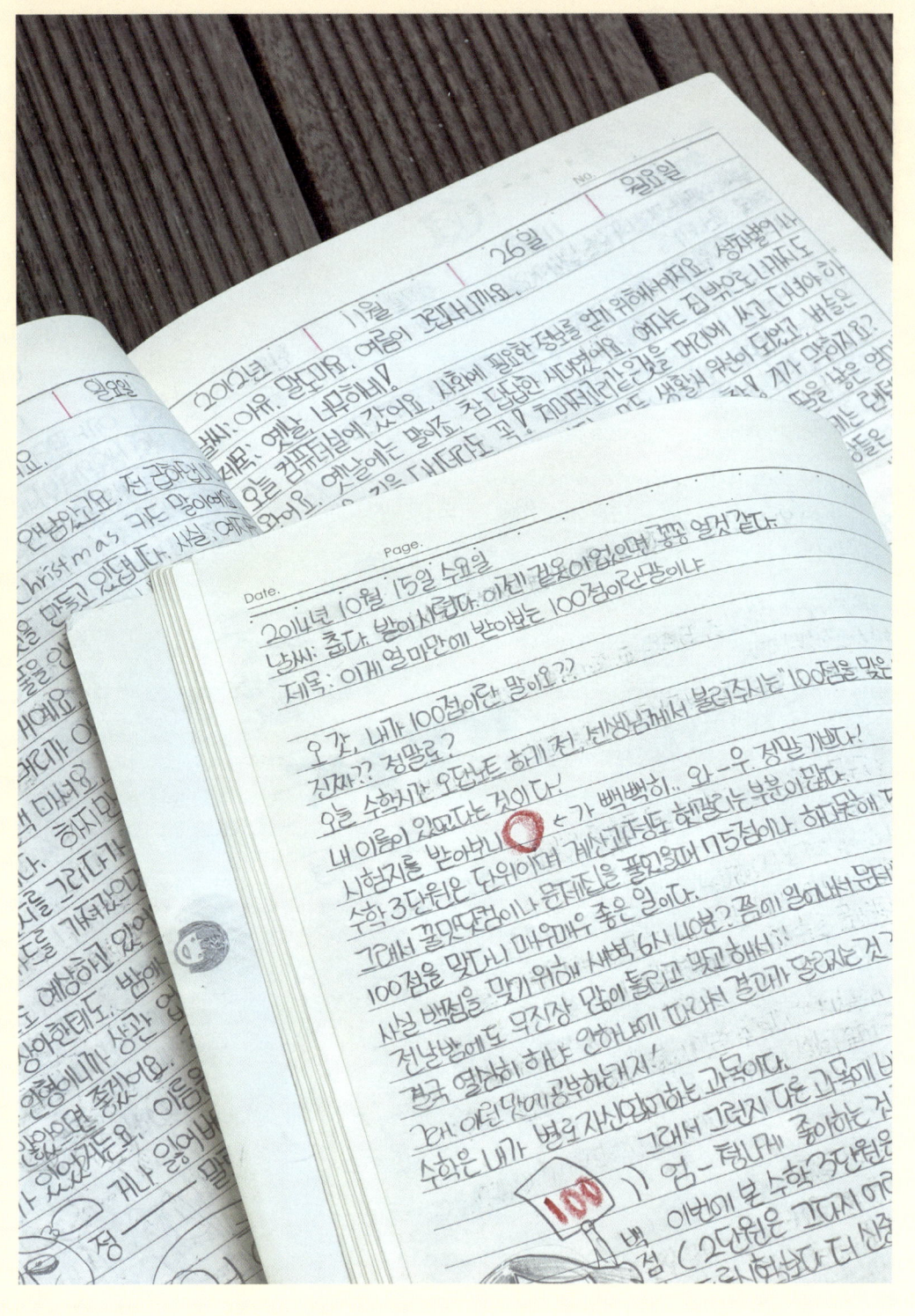

단정한 손글씨부터 귀여운 이모티콘까지
현진's 사각사각 손글씨

펴낸날 초판 1쇄 2025년 12월 1일 | 4쇄 2026년 1월 20일

지은이 박현진

발행인 임호준
출판 팀장 정영주
책임 편집 박인애 | **편집** 조유진
디자인 김지혜 | **마케팅** 이규림 정서진
경영지원 박정식 유태호 신혜지 최단비 김현빈

인쇄 비피앤피

펴낸곳 비타북스 | **발행처** (주)헬스조선 | **출판등록** 제2-4324호 2006년 1월 12일
주소 서울특별시 중구 세종대로 21길 30 | **전화** (02) 724-7615 | **팩스** (02) 722-9339
인스타그램 @vitabooks_official | **포스트** post.naver.com/vita_books | **블로그** blog.naver.com/vita_books

©박현진, 2025

이 책은 저작권법에 따라 보호를 받는 저작물이므로 무단 전재와 무단 복제를 금지하며,
이 책 내용의 전부 또는 일부를 이용하려면 반드시 저작권자와 (주)헬스조선의 서면 동의를 받아야 합니다.
책값은 뒤표지에 있습니다. 잘못된 책은 서점에서 바꾸어 드립니다.

ISBN 979-11-5846-453-0 13640

비타북스는 독자 여러분의 책에 대한 아이디어와 원고 투고를 기다리고 있습니다.
책 출간을 원하시는 분은 이메일 vbook@chosun.com으로 간단한 개요와 취지, 연락처 등을 보내주세요.

비타북스는 건강한 몸과 아름다운 삶을 생각하는 (주)헬스조선의 출판 브랜드입니다.